Hugo Brinkmann

Die Lex commissoria beim Pfandrecht

Hugo Brinkmann

Die Lex commissoria beim Pfandrecht

ISBN/EAN: 9783743491465

Hergestellt in Europa, USA, Kanada, Australien, Japan

Cover: Foto ©Suzi / pixelio.de

Manufactured and distributed by brebook publishing software (www.brebook.com)

Hugo Brinkmann

Die Lex commissoria beim Pfandrecht

Die Lex commissoria beim Pfandrecht.

Inaugural-Dissertation

zur

Erlangung der juristischen Doctorwürde

der

Juristischen Fakultät der Georg-Augusts-Universität zu Göttingen

vorgelegt von

Hugo Brinkmann,
Referendar,
aus Werther in Westfalen.

Göttingen,
Druck der Univ.-Buchdruckerei von W. Fr. Kaestner.
1892.

I. Capitel.

Einleitung und Litteratur.

In der lex 3. Cod. de pactis pignorum et de lege commissoria VIII. 34 lesen wir folgende Worte: „Placet legem commissoriam infirmare et in posterum omnem ejus memoriam aboleri". Angesichts dieses energischen Verbots Kaiser Constantins möchte man für den ersten Augenblick glauben, es sei wenig lohnend, sich jetzt noch mit der Lex commissoria zu beschäftigen. Aber wir brauchen nur ein wenig länger unser Augenmerk auf jene Verfügung zu richten, und alsbald steigen uns die verschiedensten Fragen auf, über welche wir gern Aufschluss haben möchten. So sehr energisch und ausdrücklich auch jene Verordnung die Lex commissoria verbietet, so wenig ist sie geeignet, dem Kaiserwort gerecht zu werden. Vor allem vermissen wir hier wie auch sonst im Justinianischen Gesetzbuch eine genaue Definition der Lex commissoria pignoris. Dies giebt dann wieder zu mannigfaltigen Zweifeln Anlass. Was ist „Lex commissoria bei Verpfändungen"? Wie weit gilt das Constantinische Verbot? Was bezweckt letzteres? Diese und ähnliche Fragen harren der Beantwortung, und es kann daher nicht Wunder nehmen, wenn die Lex commissoria pignoris, trotzdem sie der Kaiser ganz der Vergessenheit anheimgeben wollte, von jeher in der juristischen Litteratur eine gewisse Rolle gespielt hat. Ja in neuester Zeit ist eine neue Bedeutung hervorgetreten, indem man behauptete, das Verbot der Lex commissoria sei durch das Bundesgesetz vom 14. Nov. 1867 beseitigt.

Die Lex commissoria pignorum wird in der Litteratur früh behandelt. Schon die Glossatoren beschäftigen sich mit einer Reihe von Streitfragen über das Verbot dieser Verfallsklausel, aber sie betrachten das Verbot als einen Ausfluss der Wuchergesetzgebung. Dieser Auffassung haben vor allem das kanonische Recht und seine Interpreten beigestimmt. Das Schema, welches die „communis opinio" darstellt, finden wir bei Albericus de Rosate ad l. 1. cod. 8. 35 (34). Nach ihm ergiebt es folgende Einteilung:

Contrahitur pactum legis commissoriae:
    1) Aut cum tertio, puto cum fidejussore: valet.
    2) Aut cum creditore principali
        a) aut pro justo pretio: valet
        b) aut pro debito ex intervallo: valet
        . . . . ab inito: non valet.

Dieses Schema ist dann eine zeitlang massgebend gewesen für die weiteren Bearbeitungen.

Einflussreich ist für die Entwicklung der Lehre von der Lex commissoria pignorum Cujacius geworden. Er begeht jedoch in seinem Commentar (Interpret. in Jul. Paul. Sent. Lib. II. Tit. XIII) den Fehler, dass er die Lex commissoria auf die fiducia beschränkt. Eine ganz neue Theorie stellt A. Faber (De erroribus Pragmaticorum et Interpretum juris 1598, London) dec. XXI auf, indem er behauptet, die Lex commissoria pignorum würde zu Gunsten des Pfandschuldners eingegangen. Beide Irrtümer werden dann von Jac. Gothofredus ad c. un. C. Th. 3. 2 widerlegt. Weiter erwähnen wir noch Bachovius, de pignoribus et hypothecis (bei Schrader, de contractibus, Lips. 1605) und L. Menken, Disputatio de lege commissoria a jure reprobata, 1688 (in D. L. Menkens Dissertationes juridicae, disp. VIII, Lips. 1705). Letzterer stellt in 39 Thesen die verschiedensten Fragen auf, welche die Lex commissoria berühren und berücksichtigt dabei fast alle bis dahin erschienenen Schriften.

Noch umfassender ist die Dissertatio Gothofredi a Jena: de lege commissoria, Francf. ad Od. 1661, welche in nicht weniger als 70 kleinen Fragen abgefasst ist.

Eine sehr eingehende Bearbeitung der Lex commissoria giebt noch die Inaugural-Dissertation von Joannes G. v. Musschenbroeck aus dem J. 1752 (im thesaurus novus dissertationum juridicarum selectissimarum in academicis belgicis habitarum, Vol. I, Tom. II, No. X, Bremae 1771.)

Von den neueren Schriftstellern ist zu nennen A. D. Weber, „Wie weit erstreckt sich eigentlich bei Verpfändungen das Verbot legis commissoriae?" (in seinen Versuchen über das Civilrecht, Schwerin 1801, S. 351 ff.). Er stellt jedoch eine ganz vage Definition von der Verfallsklausel auf, die juristisch nicht brauchbar ist.

Bemerkenswert ist die Abhandlung von Warnkönig im Archiv für civilistische Praxis (Bd. 24 u. 25, Heidelberg 1841/42), eine überaus lehrreiche dogmengeschichtliche Darstellung der Lex commissoria pignorum mit umfassender Berücksichtigung der Litteratur.

Nach Warnkönig haben noch Bachofen (das römische Pfandrecht, Basel 1847, S. 617 ff.) und Dernburg (das Pfandrecht nach den Grundsätzen des heutigen römischen Rechts, Leipzig 1864, Bd. II, S. 273 ff.) in der Lehre vom Pfandrecht die Lex commissoria behandelt. Beide heben besonders den Gegensatz zwischen der Lex commissoria und dem Verkauf des Pfandgegenstandes hervor. Besonders giebt hier Dernburg eine genaue quellenmässige Darstellung der Verfallsklausel.

Von den Pandektenlehrbüchern ist Vangerow (Pandekten, 7. Aufl., 1863) hervorzuheben, welcher in Bd. I, § 383 eingehender die Lehre von der Lex commissoria pignorum behandelt. —

Der natürliche Weg für die Darstellung der Lehre von der Lex commissoria scheint uns folgender zu sein. Wir müssen vorerst eine quellenmässige Definition der Verfallsklausel geben. Nachdem wir diese vorausgeschickt haben, können wir uns zu der Geltung und Anwendung der Lex commissoria wenden. Dies führt uns weiter zu einer Charakteristik der Verfallsklausel, welche uns hinwiederum den Erlass des constantinischen Verbots verständlich macht

Haben wir dann noch den Grund des Verbots klargelegt, so ergiebt sich aus letzterem und aus dem Charakter der Lex commissoria der Geltungsbereich der constantinischen Verordnung. Dieser wird in der Folgezeit noch erweitert durch die kanonische und alte Reichs-Gesetzgebung. Das kanonische Recht giebt weiter Anlass zu der Frage, ob eidliche Bestärkung den kommissorischen Vertrag gültig mache. Schliesslich bleibt uns dann noch zu erörtern, ob das Verbot der Lex commissoria bei Verpfändungen von dem Bundesgesetz vom 14. Nov. 1867 betroffen wird. Hiernach ergiebt sich folgendes Schema:

 Cap. I. Einleitung und Litteratur.
 Cap. II. Was bedeutet „Lex commissoria" bei Verpfändungen?
 Cap. III. Geltung und Anwendung der Lex commissoria in zeitlicher und gegenständlicher Beziehung.
 Cap. IV. Charakter der Lex commissoria.
 Cap. V. Verbot der Lex commissoria durch Constantin.
 Cap. VI. Grund des Verbots.
 Cap. VII. Wie weit erstreckt sich das Constantinische Verbot?
 Cap. VIII. Weitere Ausdehnung des Verbots durch das kanonische Recht und durch die alte Reichsgesetzgebung.
 Cap. IX. Kann Privatdisposition das Verbot der Lex commissoria ausschliessen?
 Cap. X. In wie weit wird die Lex commissoria pignorum von dem Bundesgesetz vom 14. Nov. 1867 berührt?

II. Capitel.

Was bedeutet „Lex commissoria" bei Verpfändungen?

Vergebens suchen wir nach einer ausdrücklichen Definition der Lex commissoria pignorum in den Quellen. Kaiser Constantin setzt in seiner Verordnung die Lex commissoria als bekannt voraus, und da sie ganz und gar aus dem Gedächtnis ausgetilgt werden soll, vermeiden die Kompilatoren jede nähere Bestimmung derselben.

Dabei sind jedoch einzelne Entscheidungen in das Corpus juris aufgenommen, welche äusserlich eine grosse Aehnlichkeit mit der Verfallsklausel haben. Diese stellen auf negative Weise fest, was zur Lex commissoria gehört. Dadurch, dass ihnen die Kompilatoren Aufnahme in das justinianische Gesetzbuch gewährt haben, geben sie zu erkennen, dass sie in den betreffenden Stellen nicht die Requisite der Verfallsklausel finden.

Auch die Wortbedeutung „lex commissoria" muss zur Begriffsbestimmung herangezogen werden.

Weiter kann dann noch auf die analogen Bestimmungen über die lex commissoria bei Kaufgeschäften Rücksicht genommen werden. Alles dies zusammengenommen, wird uns genügend Material an die Hand gegeben, um eine klare, quellenmässige Definition von der Verfallsklausel bei Verpfändungen aufstellen zu können.

Was nun zunächst die Bedeutung des Wortes „lex commissoria" anbelangt, so ist vor allem „lex" hier nicht im Sinne von „Volksgesetz" aufzufassen. „Lex" wird im Corp. jur. sehr oft für „pactum" gebraucht; so auch hier. Lex commissoria ist also gleichbedeutend mit pactum commissorium, d. h. ein privatrechtlicher Vertrag. Wenn daher in Kleins Annalen der Preuss. Gesetzgebung und Rechtswissenschaft Bd. 18 (Berlin 1799) die Entscheidung No. 11 einen Unterschied zwischen Lex commissoria und pactum commissorium macht, so ist dies willkürlich.

Andererseits ist aber der Ausdruck „pactum legis commissoriae", welchen wir in cap. 7. X. de pign. 3. 21 der Dekretalen finden, nicht so ungeheuerlich, wie ihn einige Schriftsteller hingestellt haben. Uebersetzt man „lex" mit pactum, so gelangt man freilich zu der Tautologie „pactum pacti commissorii" (Faber a. a. O. decad. XXI, er. I: absurdissime errant, quod pactum legis commissoriae dicunt, nam cum lex ipsa commissoria nihil aliud sit, quam pactum, perinde est ac si pactum pacti commissorii appellarent). Es kann aber Lex auch „Bestimmung", „Vertragsnorm", d. h. eine Vertragsbestimmung bedeuten, mit welcher ein Rechtsgeschäft abgeschlossen ist. So lege pignoris vendere l. 89 § 4 D. de leg. II. Weiter heisst es in l. 1. § 6. D. 16. 3 contractus legem ex conventione accipiunt. Dies rechtfertigt immerhin jene kanonische Ausdrucksweise. Ein pactum legis commissoriae ist eben ein Vertrag mit der kommissorischen Klausel. Ueberdies sagt ja auch der Kaiser Alexander selbst in l. 4. cod. 4. 54: commissoriae venditionis legem exercere.

Nicht so allgemein ist eine Uebersetzung des Beiwortes commissoria anerkannt. Committere kommt in den Quellen in verschiedener Bedeutung vor, zunächst im Sinne von Ueberlassen. Diese Bedeutung ist wegen der Allgemeinheit wenig geeignet zu befriedigen. Hiernach würde committere jede Entäusserung in sich schliessen. Eine so weite Definition stellt Weber in seinen Versuchen über das Civilrecht No. 5 § 4 auf.

In den Digesten Buch 39. Tit. 4 lesen wir die Ueberschrift „De vectigalibus et commissis". Commissum ist hier das Verfallensein des Eigentums durch gesetzwidriges Handeln insbesondere wegen Zolldefraudation; commissa vectigalium nomine l. 14. D. 39. 4. Hier giebt Ulpian im Folgenden eine genaue Definition von Commissum: „Quod commissum est, statim desiit ejus esse, qui crimen contraxit dominiumque rei vectigali adquiritur eapropter commissi persecutio sicut adversus quemlibet possessorem competit. Weiter sagt Ulpian in l. 85. § 6 D. de verb. oblg. 45. 1. nisi fundus totus detur, poena committitur centum, quem ad modum non prodest ad pignus liberandum partem creditori solvere. Die Strafe ist ebenso verwirkt wie das Pfand, wenn dem Gläubiger nicht die ganze Schuld bezahlt ist. Es liegt sehr nahe anzunehmen, dass Ulpian hier die Lex commissoria im Auge hat. Wie dort die poena committitur, so ist hier das pignus commissum, es ist verwirkt, verfallen. (Vergleiche auch l. 23. § 1—3 D. de receptis: qui arbitr. 4. 8. l. 16 D. de publ. et vectg. 39. 4. l. 2. Cod. de vectg. et com. 4. 61.

Ferner l. 38 pr. D. de min. XXV annis 4. 4 dies committendi Verfalltag.) Schon die älteren Juristen versuchen auf diese Weise eine Erklärung für das Wort commissoria zu geben. So sagt Donellus im Commentar ad c. ult. Cod. 8. 35. S. 379: Verbi ratio ex commissis in vectigalibus ducta videtur. Fraudati vectigalis poena est, ut res ipso jure fisco vindicetur. Diese Erklärung muss als die angemessenste angesehen werden. Wir haben nicht nötig, wie man versucht hat, committere durch amittere oder perdere zu ersetzen. Das Wort committere in der Uebersetzung „Verfallen" ist gerade sehr bezeichnend für die Lex commissoria und kennzeichnet das Wesen derselben gut.

Schliesslich kann man committere mit „anvertrauen", „anheimstellen" übersetzen. Mit diesem Sinn würde angedeutet, dass durch Beifügung der Lex commissoria dem einen Contrahenten die Wahl gelassen, anheimgestellt würde, den Verfall oder die Forderung aus dem Hauptkontrakte geltend zu machen für den Fall, dass der andere Contrahent einer Verbindlichkeit aus dem Hauptkontrakte nicht rechtzeitig nachgekommen ist. Diese Uebersetzung trifft in sofern das Richtige, als sie das Recht des Pfandgläubigers nach dem Verfalltage zwischen der Pfandforderung oder der Pfandsache zu wählen erklärt, sie bezeichnet aber nicht so den Inhalt der Lex commissoria wie jene Uebertragung, wonach in commissum das Verfallensein des Eigentums liegt. Von dieser Erklärung gehen auch die späteren Juristen aus, doch machen sie mehr oder weniger den Fehler, dass sie in der Verpfändung unter einer kommissorischen Klausel einen bedingten Verkauf der Pfandsache sehen. So interpretiert Warnkönig Bd. 24 die Definition der dort S. 314 angeführten Juristen für die Lex commissoria, nach welcher dem Gläubiger im Fall der Nichtbefriedigung das Pfand ohne Verkauf verfallen sein soll, mit folgenden Worten: „d. h. dass er [der Pfandgläubiger] für den Betrag seiner Forderung Eigentümer des Pfandes, dass also die Schuld der Kaufpreis für die ihm überlassene Sache sei". Gerade aber der Umstand, dass bei einem Commissum von einem pretium nicht gesprochen werden kann, also auch ein Kauf nicht vorhanden ist, gerade das ist das Charakteristische desselben. Die Lex commissoria pignorum ist die einfache Verfallsklausel, nach welcher dem Pfandgläubiger im Fall nicht rechtzeitiger Zahlung der verpfändete Vermögensgegenstand eigentümlich gegen die Forderung verfallen sein soll. Weder von einer actio empti noch von einem pretium ist hier die Rede.

Diese aus der Wortbedeutung von „Lex commissoria" gegebene Definition lässt sich weiter rechtfertigen durch die Bestimmungen über die Verfallsklausel beim Kauf im Buch XVIII. Tit. 3 der Digesten. Der Kauf ist sub lege commissoria abgeschlossen, wenn der Verkäufer sich ausbedingt, dass er bei nicht rechtzeitig und vollständig erhaltener Zahlung des Kaufpreises vom Vertrage abstehen kann, so dass ihm dann sofort der Kaufgegenstand eigentümlich wiederanfällt, wenn nämlich der Käufer bereits Eigentum erworben hatte. Dies analog auf Verpfändungen angewandt ist unter der kommissorischen Klausel das Pfand begeben, wenn bei nicht rechtzeitiger und nicht vollständig geleisteter Zahlung dem Pfandgläubiger der Pfandgegenstand eigentümlich verfallen sein soll. Wie dort in der Lex commissoria kein Rückkauf liegt, so enthält die Verkaufsklausel bei Verpfändungen keinen bedingten Kauf der Pfandsache durch den Pfandgläubiger.

Schliesslich müssen wir noch zeigen, dass auch die Quellenstellen über die Lex commissoria, welche freilich recht spärlich fliessen, hiermit übereinstimmen. Fangen wir bei den vorjustinianischen Quellen an, so finden wir in den Sententien des Paulus einen Titel de lege commissoria II. 13. Im Titel selbst aber, der vorzugsweise von der fiducia und dem pignus handelt, kommt das Wort Lex commissoria nicht vor.

Dann erwähnt die Interpretatio zu der l. un. C. Th. 3. 2 die kommissorische Klausel. Hier heisst es: commissoriae cautiones [captiones] dicuntur in quibus debitor creditori suo rem ipsi oppigneratam ad tempus vendere per necessitatem conscripta cautione promittit. Die Lex commissoria wird als notwendiger Verkauf des Pfandes an den Pfandgläubiger im Fall nicht rechtzeitiger Befriedigung aufgefasst. Dies könnte freilich gegen unsere Definition sprechen. Doch darf die Interpretatio nicht massgebend sein für das klassische römische Recht. Sie rührt von westgothischen Juristen her, welche den Geist des römischen Rechts nicht klar aufgefasst haben. Mehr Gewicht als dieser Interpretation müssen wir der Lex selbst beilegen. Sie enthält das Verbot der Verkaufsklausel durch Kaiser Constantin. Hier heisst es am Schluss: „Creditores re amissa id recipere quod dederunt". Vor dem Verbot fiel also jedenfalls dem Pfandgläubiger durch Geltendmachung der kommissorischen Klausel das Eigentum an der Pfandsache zu, er verlor hingegen seine Forderung. Das Verbot Constantins ist dann als l. 3 cod. de. pact. pign. 8.34 in das Corp. jur. aufgenommen, was zugleich die Veranlassung sein musste, alle sonstigen, die Lex commissoria pignorum betreffenden Bestimmungen, für das Justinianische Gesetzbuch unberücksichtigt zu lassen. Wir finden daher auch im Corp. jur. weiter keine Stelle, welche von der Verfallsklausel bei Verpfändungen handelt. Nur einige ihr äusserlich ähnlich sehende Fragmente stellen durch ihre Aufnahme auf negative Weise den Begriff der Lex commissoria fest. Es sind dies die l. 81. D. de contr. empt. 18. 1, l. 34. D. de pign. act. 13. 7, l. 16 § 9 D. de pign. et hypoth. 20. 1 und die l. 12. pr. D. de distract. pign. 20. 5. Alle diese Stellen, welche später noch genauer erläutert werden müssen, lassen den Verkauf des Pfandes an den Pfandgläubiger zu. Wir können daraus ersehen, dass die Compilatoren in dem Verkauf des Pfandes an den Pfandgläubiger keine Lex commissoria erblicken, dass letztere vielmehr eine eigenartige Verfallsklausel ist.

Von den nachjustinianeischen Quellen geben die Basiliken klar und deutlich den Wortlaut einer Lex commissoria pignorum. XXV. 7. cap. 62 heisst es: „δεσπότης ἔσομαι τοῦ ἐνεχύρου, εἰ μὴ καταβληθείη μοι τὸ χρέος ἐντὸς τοῦδε τοῦ χρόνου". Von einem Kauf ist auch hier nicht die Rede. Die Dekretalen Gregors IX in cap. 7. X. de pign. 3. 21 führen das pactum legis commissoriae als improbatum auf, ohne eine Definition zu geben. Weiter finden wir noch das Verbot der Lex commissoria in den Libri feudorum I. 27 § 1, wo aber auch das Wesen der Verfallsklausel nicht erörtert wird. Sie wird hier aus ganz besonderen dem Lehen entnommenen Gründen verboten: „feudum enim non sub praetextu pecuniae, sed amore et honore domini acquirendum est". Schliesslich finden wir noch in der Reichspolizei-Ordnung v. 1577, XX § 5 „Von den Juden und ihrem Wucher" eine allgemeine Bestätigung des Constantinischen Verbots. Schon die Ueberschrift dieser Verordnung weist darauf hin, dass die Reichspolizeiordnung die Lex commissoria pignorum von dem Gesichtspunkt des Wuchers aus betrachtet.

Nicht zu billigen ist, wenn man aus Fragmenta Vaticana § 9 für die Definition der Lex commissoria pignorum verwerten will (so Warnkönig a. a. O. Bd. 24 § 2 not. 3 u. § 7 S. 312). Dieser Paragraph handelt nicht von der Verfallsklausel. Nicht jure legis commissoriae sondern „jure empti creditor dominium retineat" entscheidet Ulpian.

Das Resultat ist also: Nicht nur die Wortbedeutung von Lex commissoria, nicht nur die Analogie der Verfallsklausel bei Kaufgeschäften, auch die einschlägigen Quellenstellen rechtfertigen die Definition: „Die Lex commissoria bei Verpfändungen ist ein Nebenvertrag, gemäss welchem dem Pfandgläubiger im Fall nicht vollständiger oder rechtzeitiger Befriedigung der verpfändete Vermögensgegenstand gegen seine Forderung eigentümlich verfallen sein soll".

III. Capitel.

Geltung und Anwendung der Lex commissoria pignorum in zeitlicher und gegenständlicher Beziehung.

Die Lex commissoria war im römischen Verkehr bei Verpfändungen ein sehr häufiger Nebenvertrag. Sie bot ja dem Kapitalisten grosse Vorteile. Weil aber der Vertrag zu harten Bedrückungen des Schuldners missbraucht werden kann, so hat man geglaubt, dass schon vor Constantin die Lex commissoria pignorum als ein Vertrag, welcher gegen die boni mores verstösst, aus allgemeinen Rechtsgrundsätzen verboten gewesen sei. Hiergegen spricht jedoch, dass Cicero im 56. Brief seiner Epist. fam. lib. XIII Hypotheken anführt, welche sub lege commissoria verfallen sind: Philotes Alabandensis ὑποθήκας Cluvio dedit. Hae commissae sunt. Weiter deutet auch der 13. Titel im II. Buche der Sententien des Paulus „de lege commissoria" darauf hin, dass zu Paulus' Zeiten der Vertrag noch rechtsgültig gewesen ist. Erst im Codex Theodosianus finden wir den Titel: „de lege commissoria rescindenda". Den besten Beweis liefert uns jedoch der Wortlaut des Constantinischen Verbots. Infirmari placet, sagt der Kaiser, er will die Lex aufheben. Privatio firmitatis firmitatem praeexistentem requirit, argumentiert ganz richtig Menken in th. XI a. a. O. Der Kaiser sagt ferner, dass die Härte des Vertrages immer mehr zugenommen hätte. Derartig konnte er sich nur ausdrücken, wenn die Verfallsklausel bis zu seiner Zeit angewandt wurde. Dafür spricht noch besonders der Umstand, dass der Kaiser seinem Verbot rückwirkende Kraft beilegt: haec cum praeteritis praesentia repellit et futura prohibet. Wollte er, wie er im Eingang sagt, totam ejus memoriam aboleri, so konnte dies von dem Zeitpunkt seines Verbots ab wirksam nur geschehen, wenn dadurch auch die Verpfändungen getroffen wurden, deren Verfalltag noch nicht eingetreten war.

F. Balduin (Constantinus Magnus, 1556 Basileae) sagt, dass schon zu Kaiser Severus Alexanders Zeiten [222—235 n. Chr.] die Lex commissoria pignorum verboten gewesen sei, und führt dafür die l. 1. cod. 8. 34 an. Doch ist in dieser Stelle von einer Verfallsklausel nicht die Rede. „Cessurum" nicht „commissurum" pignora creditoribus sagt die Stelle. Die Pfänder sollen nicht verfallen sein, sondern der Schuldner soll sie nur abtreten an den Gläubiger, damit dieser sie jure communi verkaufen und sich aus dem Erlös befriedigen kann. Der Kaiser entscheidet hier nicht, dass ein verbotener Vertrag vorliegt, sondern er will nur feststellen, welche Absicht die Parteien dem Vertrage zu Grunde gelegt haben, wenn sie sich des Wortes cessurum bedienen. Und da heisst es dann: „id comprehendit, quod jure suo in adipiscendo pignore habiturus erat. Der vorliegende Vertrag war also eigentlich überflüssig, er giebt dem Pfandgläubiger die Rechte, welche ihm ohnehin schon aus dem Pfandrecht zustehen. Die Lex commissoria pignorum ist mithin ein bis auf Constantin allgemein angewandter rechtsgültiger Nebenvertrag. Es fragt sich nun, inwieweit derselbe Anwendung gefunden hat.

Wohl keinem Zweifel unterliegt es, dass die kommissorische Klausel nicht nur beim pignus und der fiducia, sondern auch bei der Hypothek gebraucht wurde. Spricht doch für Letzteres schon die oben angeführte Stelle aus Ciceros Briefen [hypothecae commissae sunt]. Es ist ein Irrtum, wenn Cujacius (Interpretationes in Jul. Pauli Sentent. Lib. II Titel XIII) behauptet, die Lex commissoria sei überhaupt nur in der Verbindung mit der fiducia vorgekommen. Er bezieht sich zum Beweise hierfür auf eine Stelle in Ciceros Rede pro Flacco c. 21. Cicero spricht freilich hier von einer fiducia commissa. Dies kann aber nur beweisen, dass die Lex commissoria bei der fiducia vorgekommen, nicht aber, dass sie nur bei ihr vorgekommen sei. Als weiteres Argument dient ihm der Titel 13 im II. Buche der Sententien des Paulus. Es ist ja auffallend, dass hier in der Titelüberschrift die Lex commissoria angekündigt, im Text aber doch nur die fiducia behandelt wird. Wenn man aber bedenkt, dass die westgothischen Compilatoren nur einen Auszug gemacht und dabei manche Titel zusammengeworfen, manche ausgelassen haben, so ist das Argument von sehr zweifelhaftem Wert. Das pactum fiduciae enthielt das Versprechen des Pfandgläubigers, das Pfand nach Tilgung der Schuldforderung zu remanzipieren. Dieses pactum wurde mit der Uebereignung des Pfandes, welche durch mancipatio oder injurecessio vor sich ging, verbunden. Der Gläubiger wurde Eigentümer des Pfandgegenstandes, zugleich aber durch das pactum fiduciae verpflichtet, nach erfolgter Befriedigung das Pfand an den Schuldner zu remanzipieren. Wurde nun mit der fiducia eine Lex commissoria verbunden, so schloss sie die Verpflichtung zur Rückgabe aus. So lange der Gläubiger das Pfand, um sich aus dem Erlös zu befriedigen, noch nicht veräussert hatte, konnte ohne Lex commissoria der Schuldner durch Angebot der Zahlung mit der actio fiduciae das Eigentum zurückverlangen; war das Pfand durch den Gläubiger verkauft, so hatte der Schuldner wenigstens mit dieser Klage einen Anspruch auf den etwaigen Ueberschuss aus dem Erlös. War aber die Lex commissoria eingegangen, so konnte der Pfandgläubiger die actio fiduciae, welche nach dem Verfalltage angestrengt wurde, mit der exceptio legis commissoriae entkräften. Er ist ja jetzt definitiv Eigentümer des Pfandgegenstandes geworden.

Ein weiteres Argument liefert uns schliesslich das Constantinische Verbot. War wirklich die fiducia nur in Verbindung mit der Verfallsklausel möglich, so musste notwendig mit dem Verbot der letzteren auch die erstere fallen. Hiervon erwähnt Constantin aber Nichts. Es ist auch nachzuweisen, dass erst nach Constantin die fiducia verschwunden ist. So sagen noch Kaiser Arkadius und Honorius [um das Jahr 400] in c. 9. C. Th. de infirm. his quae sub tyran. 15. 14: „pignoris atque fiduciae obligatio perseveret". Erst seitdem die mancipatio und injurecessio ausser Anwendung kam, fiel auch das Institut der fiducia weg.

Jene falsche Auffassung von der Verfallsklausel hat noch zu einem anderen Irrtum Veranlassung gegeben. A. Faber a. a. O. Decad. XXI error I hält die Lex commissoria für die Verabredung, dass der Gläubiger verpflichtet sei, den Pfandgegenstand nach erlangter Befriedigung zu remanzipieren. Denn da der Pfandgläubiger bei der fiducia schon Eigentümer sei, also nicht erst durch die Lex commissoria es zu werden brauche, so könne die Verfallsklausel nur zu Gunsten des Schuldners beigefügt werden, indem letzterer durch diese Verabredung wieder zu seinem Eigentum an dem Pfande gelange. „Apparet legem commissoriam in pignoribus apponi solitam debitoris solius, non etiam creditoris favorem respexisse, cum non aliam ob causam adhiberetur, quam ut amissam proprietatem debitor recuperare aliquando posset". Natürlich kann dann eine solche Verfallsklausel nur bei der fiducia vorkommen. Dass nun dieser Vertrag, obwohl er zu Gunsten des Schuldners hinzugefügt ist, doch zu harten Bedrückungen des letzteren geführt habe, erklärt sich Faber daraus, dass der Schuldner stets ein Pfand bestellen müsse, dessen wahrer Wert grösser sei als die Forderung. Sei er nun aus Geldmangel nicht imstande gewesen, die Lex commissoria geltend zu machen, so hätten die Gläubiger einen grossen Gewinn gemacht. „Tamen dabat ea res fraudis dolique materiam foeneratoribus, qui ut plurimum pro aere modico fiducias magni valoris accipiebant". Diese wunderbare Ansicht Fabers widerspricht offenbar den Quellen. Einmal ist die Lex commissoria nicht allein bei der fiducia, sondern auch bei den anderen Verpfändungsarten vorgekommen. Sollte andererseits nun durch die Abschaffung dieser Verfallsklausel thatsächlich die asperitas für den Schuldner beseitigt werden, — diese lag in der mancipatio, welche dem Pfandgläubiger die zu günstige Stellung des Pfandeigentümers gab, — so hätte der Kaiser Constantin richtiger sagen müssen, nicht die Lex commissoria, sondern die mancipatio bei der fiducia soll ungültig sein. Dementsprechend sagt auch Faber er. I: Itaque non fiduciae contractae, id est legis commissoriae odium ullum fuit, sed mancipationis . . . non enim de asperitate intelligit, quae fuerit in formula et usu legis commissoriae, sed de ea quam creditores exercebant in hujusmodi mancipationibus pignorum ineundis. Hierdurch fällt dann seine ganze vorher aufgestellte Definition von der Lex commissoria zusammen. Faber hat in dieser Auffassung so viel bekannt nicht einen Anhänger gefunden. Allgemein wird jetzt anerkannt, dass die Lex commissoria pignoris ein Nebenvertrag zu Gunsten des Gläubigers war und sowohl bei der fiducia wie auch beim pignus und der Hypothek angewandt wurde. Auch bei der Verpfändung von Rechten [Forderung und Servitut] ist die Verfallsklausel möglich. Durch Geltendmachung der Lex commissoria verfällt hier dem Gläubiger das Recht, welches ihm nur zu Pfandzwecken zustand, ganz und gar. Man könnte hier nun einwenden, dass bei der Verpfändung von Forderungen und Servituten von einem Verfall einer Pfandsache nicht geredet werden könnte. Wir haben daher in unserer Definition von der Verfallsklausel den weiteren Ausdruck „verpfändeter Vermögensgegenstand" gewählt. So entschied auch das O.L.G. Braunschweig am 27. Mai 1884, dass das Verbot der Lex commissoria beim Pfandrecht sich auch auf die Verpfändung von Forderungen bezieht; Seufferts Archiv 41, No. 177.

Soll nun aber die Lex commissoria eine wahre Verfallsklausel sein, so muss sie auch bei allen Verpfändungsarten die gleiche Wirkung haben, sie muss den Pfandgläubiger bei nicht rechtzeitiger Befriedigung zum Eigentümer der Pfandsache machen. Vorausgesetzt wird hier natürlich, dass der Pfandschuldner wenigstens zur Zeit, da er das pactum commissorium eingeht, Eigentümer des Pfandes ist; hat er kein Eigentum, so kann er sich dessen auch nicht begeben und der Pfandgläubiger kann das Eigentum nicht erwerben.

Aus den Quellen ist nicht zu ersehen, wie sich die Römer diesen Eigentumsübergang gedacht haben. Am einfachsten stellt sich das Verhältnis bei der fiducia, bei welcher auch wohl zuerst die Lex commissoria angewandt wurde. Hier war der Pfandgläubiger schon Eigentümer des Pfandes, das pactum commissorium enthob ihn nur seiner Verbindlichkeit aus dem pactum fiduciae auf Rückübertragung des Eigentums an den Pfandschuldner. War er nicht im Besitz des Pfandgegenstandes, so konnte er als Eigentümer die rei vindicatio anstellen.

Anders ist das Verhältnis beim pignus. Hier ist der Pfandgläubiger nur Besitzer der Pfandsache. Doch kann man in der Aushändigung des Pfandes sub lege commissoria eine bedingte Eigentumsübertragung sehen, sodass mit Eintritt der Bedingung, d. h. bei nichtrechtzeitiger vollständiger Zahlung der Schuldforderung, der Pfandgläubiger Eigentümer wird.

Schwieriger gestaltet sich der Eigentumsübergang überall da, wo der Pfandgläubiger den Besitz verloren oder ihn, wie bei der Hypothek, noch garnicht gehabt hat. Warnkönig a. a. O. Bd. 24 S. 374 benutzt hier die analoge Anwendung der Lex commissoria beim Kauf. Bei letzterer wird der ursprüngliche Verkäufer, welcher sub lege commissoria verkauft hat, ohne Rückübertragung ipso jure wieder Eigentümer, wenn der Käufer nicht bis zum bestimmten Termin vollständige Zahlung geleistet hat. Ein solches Verhältnis liegt jedoch bei der Lex commissoria pignorum nicht vor. Der Pfandgläubiger war ja vorher noch nicht Eigentümer, daher kann das Eigentum auch nicht bei ihm wiederaufleben. So ist der Eigentumsübergang nicht zu konstruieren. Bachofen a. a. O. Bd. I S. 617 a. E. sagt: „Gegen dritte Besitzer kann sich der Pfandgläubiger der Publiciana bedienen". Wie jedoch diese Klage bei der Hypothek, wo der Pfandgläubiger überhaupt den Besitz noch nicht gehabt hat, zu rechtfertigen ist, sagt er nicht; auch ist diese Klage nicht gegen jeden Besitzer wirksam anzustellen.

Noch anders hilft Dernburg aus, Pfandrecht Bd. II S. 277. Er verschafft dem Pfandgläubiger das Eigentum vermittelst der actio hypothecaria. Diese Klage geht freilich auf Herausgabe der Pfandsache, wird aber durch Angebot der Zahlung der Schuldsumme entkräftet. Bei der Verfallsklausel kann aber der Schuldner durch spätere Zahlung diese Klage nicht abwenden, da nach dem pactum commissorium der Gläubiger nachträgliche Tilgung der Forderung nicht mehr anzunehmen braucht. Der Gläubiger setzt sich dem Schuldner gegenüber mit der actio hypothecaria in den Besitz der Pfandsache und wird so gleichsam wie durch Tradition Eigentümer. Dies zugegeben, so fragt es sich, ob der Gläubiger auch Dritten gegenüber den Besitz der Pfandsache verlangen kann. Dem Schuldner gegenüber wird er das pactum commissorium entgegenhalten können, denn dieser hat es mit dem Gläubiger eingegangen; würde er aber auch einem dritten Besitzer gegenüber damit gehört werden? Dieser wird die Klage durch Zahlung oder Deponierung der Schuldsumme entkräften, und der Pfandgläubiger kann somit sein

Recht aus der Lex commissoria nicht geltendmachen. Nach Dernburg scheint diese Klage wirksam gegen jeden Successor des Schuldners angestellt werden zu können, denn er sagt: „Die Lex commissoria war eben ein Bestandteil des dinglichen Rechts des Gläubigers, welches gegen Jeden wirkt". Er giebt mithin dem Pfandgläubiger eine actio hypothecaria mit verstärkter dinglicher Wirkung, verstärkt dadurch, dass jedem Besitzer, welcher Zahlung anbieten will, die exceptio Legis commissoriae entgegengehalten werden kann.

Ein solcher Ausweg lässt sich recht wohl denken, wenn man erwägt, dass in der Lex commissoria gewissermassen ein pactum de non alienando steckt. Dieser Vertrag zwischen dem Pfandgläubiger und dem Pfandschuldner, nach welchem letzterer sich verpflichtet die Pfandsache nicht zu veräussern, hat ausnahmsweise dingliche Wirkung. Alle Verfügungen, welche der Schuldner hier nach Eingehung des Vertrages getroffen, sind null und nichtig, l. 7 § 2 D. de distr. pign. 20. 5. Dies ist nicht unbestritten. Weil sonst ein vertragsmässiges Veräusserungsverbot niemals dingliche Kraft hat, so verneinen auch hier einige Juristen diese Wirkung. So Windscheid Pandekten § 172a. No. 8, Arndts Pand. § 132 Not. 5; Auch Sintenis Civilrecht § 38 a. 16. Es ist aber wohl nicht gestattet hier vom Text abzugehen. Bestätigen doch die Florentina wie die Basiliken die dingliche Wirkung des pactum de non alienando. Es entspricht dies auch ganz der Auffassung der Römischen Juristen, welche ja schon in der Veräusserung einer verpfändeten beweglichen Sache ein furtum erblicken, l. 67 pr. D. de furt. 47. 2. So auch Vangerow Bd. I § 299, Glück Bd. 16 S. 56, Dernburg Pandekten Bd. I § 217 S. 494. Der Pfandschuldner bleibt also trotz des etwaigen Verkaufs des Pfandes von seiner Seite Eigentümer. Nun lässt sich denken, dass er durch das pactum de non alienando verpflichtet wird, dem Gläubiger die Eigentumsklage zu cedieren. Dieser setzt sich dann vermittelst jener Klage in Besitz des Pfandes und wird so gleichsam durch Tradition nunmehr der Eigentümer.

Leider fehlt jedes Quellenzeugnis, das uns darüber Aufschluss geben könnte, wie sich die Römer den Eigentumsübergang bei der Verfallsklausel vorgestellt haben. Wir finden hier eine ähnliche Controverse wie bei der Eigentumsübertragung der dos an die Frau nach Auflösung der Ehe. Es lässt sich denken, dass das Gesetz hier einen ipsojure-Eigentumserwerb aufgestellt hat. Ist die Lex commissoria eine wahre Verfallsklausel, so hat sie nur dann volle Wirkung, wenn durch sie das Eigentum verfällt, d. h. wenn auf der anderen Seite ipso jure die Sache vindiciert werden kann. Man scheut sich, dem Pfandgläubiger, welcher sein Recht aus der Lex commissoria geltend machen will, den Namen eines Eigentümers zu geben, denn es gilt als oberster Grundsatz im römischen Recht, dass der Wille allein ohne Tradition kein Eigentum überträgt: traditionibus et usucapionibus dominia rerum, non nudis pactis transferuntur l. 20 C. de pact. II. 3. Aber dies trifft nicht den Eigentumsübergang kraft Gesetzes.

Es sind ja freilich Ausnahmefälle, wo das Gesetz den Eigentumsübergang ipso jure ohne Tradition anerkennt. Will man aber der Verfallsklausel volle Wirkung gewähren, dann muss das Gesetz auch den eigenartigen ipsojure-Erwerb sanctionieren. Ein solcher Eigentumsübergang, welcher sich weder auf Tradition noch auf früheres jetzt wiederauflebendes Eigentum stützt, tritt uns auch im Erbrecht entgegen. Ist dem Legatar unter einer Bedingung ein Vermächtnis ausgesetzt, so ist bis zum Eintritt der Bedingung der Erbe interimistisch Eigentümer. Mit diesem Zeitpunkt fällt aber sofort dem Legatar das Eigentum zu und er kann ohne jede Tradition vindicieren. Weiter erwerben auch die Kinder aus erster Ehe im Fall der Wiederverheiratung ihres parens ipso jure durch Gesetzesvorschrift Eigentum an der lucra nuptialia.

Auf eine derartige vom Gesetz gebilligte Uebertragung führt uns das Wort commissum selbst. Nach l. 14 D. de publ. et vect. et com. 39. 4 heisst es: Commissum statim desinit ejus esse, qui crimen contraxit. eapropter commissi persecutio sicut adversus quemlibet possessorem sic adversus heredem competit. Wie hier das Gesetz den Anfall des Eigentums einer Sache an den Fiskus infolge des Commissum gestattet und eine persecutio commissi adversus quemlibet possessorem giebt, so lässt sich denken, dass auch bei der Lex commissoria pignorum ein sofortiger Eigentumsübergang vom Gesetz gebilligt ist. Erwägt man, dass die Lex commissoria wohl zuerst bei der fiducia Anwendung gefunden hat, wo dem Pfandgläubiger wegen der hier vorteilhafteren Stellung gleich mit dem Verfalltage durch Anwendung der Verfallsklausel definitiv das Eigentum gesichert war, so war es ein nahe liegender Schritt, die Wirkung des Eigentumsübergangs der Verfallsklausel beim pignus und hypotheca beizulegen.

Eine eigene Kontraktsklage giebt die Lex commissoria nicht, von einem Kauf kann nicht geredet werden. Sie muss mithin dingliche Wirkung haben, wenn sie nicht wertlos sein soll, und zwar muss sie diese hervorbringen von dem Augenblick an, wo der Vertrag eingegangen war, sodass alle dinglichen Einwirkungen von seiten des Schuldners auf die Sache mit Eintritt des Verfalltages und Geltendmachung der Lex wegfallen und der Pfandgläubiger das Pfand von jedem Besitzer vindicieren kann. Ob er dies Recht verfolgt mit einer in ihrer dinglichen Kraft gesteigerten actio hypothecaria oder commissi persecutio, mit einer cedierten Eigentumsklage oder direct mit der reivindicatio, ist nach den Quellen nicht zu entscheiden. Die dingliche Wirkung aber der Lex commissoria ist das ihr Eigenartige, wodurch sie sich auch besonders vom bedingten Kauf des Pfandgegenstandes unterscheidet.

Natürlich setzte die dingliche Wirkung der Lex commissoria voraus, dass sie mit einer Verpfändung verbunden war. Einer anderen Verfallsklausel kommt weder die dingliche Wirkung zu, noch fällt sie unter das Constantinische Verbot. Anderer Meinung Rubo in von Kamptz Jahrb. XXII S. 19, wogegen Römer Leistung an Erfüllungsstatt S. 154.

IV. Capitel.
Der Charakter der Lex commissoria.

Der regelmässige Gang bei der Verwirklichung des Pfandrechts war folgender. Hatte der Pfandschuldner nicht zur rechten Zeit seine Verpflichtungen erfüllt, so stand dem Pfandgläubiger das Recht zu, das Pfand zu verkaufen. Er konnte sich aus dem Erlös befriedigen, und musste den etwaigen Ueberschuss an den Verpfänder herausgeben. Dies Recht stand ihm zu, mochte der Verpfänder noch Eigentümer des Pfandes sein oder ein Dritter. Nun konnte nach früherem Recht der Pfandgläubiger mit dem Verpfänder auch ausmachen, dass ihm [dem Gläubiger] das Pfand eigentümlich anfallen solle, wenn der Schuldner nicht rechtzeitig zahlt. Diese Verfallsklausel hat äusserlich eine grosse Aehnlichkeit mit dem Verkauf der Pfandsache, doch ist sie juristisch ganz verschieden.

Man hat allerdings früher wohl in dem pactum commissorium einen bedingten Verkauf gesehen, das beweist die Interpretatio zu dem Constantinischen Verbot im Codex Theodosianus, wie er uns überliefert ist. Doch haben wir keine Veranlassung zu glauben, dass römische Juristen diese Ansicht geteilt haben. Dies ist vielmehr ein Irrtum der westgothischen Kompilatoren, ihre Auslegung darf uns nicht massgebend sein, wo uns klassische Quellen zu Gebote stehen. Wenn man dann auch noch den § 9 der frag. Vat. heranziehen will um zu beweisen, dass auch die römischen Juristen die Lex commissoria für einen bedingten Verkauf gehalten haben, so ist dies ganz und gar verfehlt. Es ist garnicht erwiesen, dass dieser Paragraph überhaupt eine Verfallsklausel enthält, von einer Lex commissoria spricht die Stelle nicht. Hier soll der Gläubiger an Zahlungsstatt für die Forderung den Pfandgegenstand behalten und zwar nicht — wie wir oben erwähnt — jure legis commissoriae sondern jure empti. Die Forderung ist hier das pretium, nach den Regeln des Kaufs ist dies Geschäft zu beurteilen. Der Paragraph handelt also nicht von einer Lex commissoria, er widerspricht mithin unserer Auffassung nicht.

Zur weiteren Begründung können noch Pauli Sententiae II. 13 herangezogen werden. § 3 sagt: Debitor creditori vendere fiduciam non potest. Gleichwohl kam aber bei der fiducia die Lex commissoria sehr oft vor, was nach Paulus nicht möglich gewesen wäre, wenn sie einen Kaufvertrag in sich geschlossen hätte. Beim bedingten Verkauf des Pfandes sind Gläubiger und Schuldner nach Eintritt der Bedingung in gleicher Weise gebunden, bei der Lex commissoria unterwirft sich nur der Verpfänder einer eigenartigen pönalen Realisierung des Pfandrechts, der Pfandgläubiger ist in keiner Weise gebunden. Es steht bei ihm, ob er die Forderung geltend machen oder den Pfandgegenstand als Pfandgläubiger verkaufen oder um seine Forderung für sich erwerben will. Er kann nach dem Verfalltage noch wählen, wohingegen er beim Kauf fest gebunden ist. Zum Beweis hierfür kann die analoge Anwendung der Lex commissoria beim Kaufvertrag dienen. Hier ist der Verkäufer, wenn der Kaufpreis zum bestimmten Termin nicht gezahlt ist, nur berechtigt, nicht verpflichtet, die Lex commissoria geltend zu machen, er kann immer noch den Kaufpreis verlangen. Aber auch nur er allein ist durch die Verfallsklausel berechtigt, vom Kaufvertrag abzugehen, nicht der Käufer. Hat sich jedoch der Verkäufer für die Geltendmachung der Lex commissoria entschieden und dies dem Käufer erklärt, so geht dadurch das Wahlrecht verloren. Jetzt erst ist er dem Schuldner gegenüber rechtlich gebunden l. 7 D. de lege com. 18. 3 si pretium petat legi commissoriae renuntiatum videtur, nec variare et ad hoc redire potest. Das Gleiche gilt bei der Verpfändung. Erst dadurch, dass der Pfandgläubiger die nachträgliche Zahlung ausschlägt, entscheidet er sich für die Verfallsklausel. Erwirbt der Gläubiger den Pfandgegenstand, so geht das Recht auf die ausstehende Forderung unter. Was der Gläubiger jedoch an Abzahlung auf die Forderung erhalten hat, das braucht er, wenn er die Lex commissoria ausübt, nicht herauszugeben l. 6 pr. D. 18. 3 id, quod arrhae vel alio nomine datum esset, apud venditorem remansurum. Weiter l. 4 § 4 eod. So Dernburg Pandekten II § 95 Not. 21, Arndts § 249 Anm. 2, Sintenis Civilrecht § 101 No. 31 gegen Windscheid Bd. II § 323 Not. 12. L. 6 pr. cit., welche zunächst nur von der Lex commissoria beim Kaufvertrag spricht, ist auch für die Verfallsklausel bei Verpfändungen massgebend. Hat mithin der Pfandschuldner die Forderungen teilweise erfüllt, und der Pfandgläubiger macht hernach von der Verfallsklausel Gebrauch, so verliert der Schuldner neben der verpfändeten Sache noch die geleistete Teilzahlung. Diese kann ihn nicht befreien, kann nicht angerechnet werden, wie ja auch eine Conventionalstrafe ganz verfällt, wenn an der übernommenen Leistung nur etwas fehlt l. 85 § 6 D. de verb. obl. 45. 1. Wird hingegen die Pfandsache vom Schuldner an den Pfandgläubiger verkauft, so ist das Verhältnis ein ganz anderes. Hier muss die gemachte Teilzahlung mit dem Kaufpreis verrechnet werden.

Die Lex commissoria gewährt dem Gläubiger Vorteile, welche in unbilliger Weise gegen den Kreditbedürftigen ausgebeutet werden können. Der bedrängte, in Geldnot befindliche Schuldner wird durch pactum commissorium der Macht des Kapitals ausgesetzt. Es lag in der Verfallsklausel eine Härte, zumal die Anfechtung wegen übergrosser Verletzung hier nicht Platz griff. Seit mit dem Pfandrecht das Verkaufsrecht des Pfandgläubigers verbunden war, bestand für die Verfallsklausel kein Bedürfnis. Der Gläubiger hatte jetzt einen Weg zur Befriedigung, wodurch zugleich die Interessen des Verpfänders möglichst gewahrt wurden. Man kann jetzt sagen: Der Eigentumserwerb durch den Gläubiger liegt ausserhalb des Zwecks des Pfandrechts.

V. Capitel.

Das Verbot der Lex commissoria pignorum durch Kaiser Constantin.

Gegen die gefährliche Befriedigung des Pfandgläubigers durch die Lex commissoria wendet sich nun die Verordnung Kaiser Constantins, welche wir im Corp. jur. unter l. 3 Cod. 8. 34 aufgeführt finden. Es ist dies die einzige Stelle im Justinianischen Gesetzbuch, welche direkt von der Lex commissoria pignorum spricht, wir führen sie wegen ihrer Bedeutsamkeit wörtlich an: Imperator Constantinus ad populum. Quoniam inter alias captiones praecipue commissoriae pignorum legis crescit asperitas, placet infirmari eam et in posterum omnem ejus memoriam aboleri. Si quis igitur tali contractu laborat, hac sanctione respiret, quae cum praeteritis praesentia quoque repellit et futura prohibet. Creditores enim re amissa jubemus recuperare quod dederunt. Diese Stelle ist dem Codex Theodosianus entnommen und steht dort im II. Titel des dritten Buches unmittelbar nach den Titeln über den Kaufkontrakt. Im Justinianischen Codex sind einige Aenderungen vorgenommen, von welchen jedoch nur die Einschiebung des Wortes „pignorum" zwischen commissoriae und legis von Bedeutung ist. Die Auslassung dieses Wortes im Theodosianischen Codex, sowie die Stellung der Constitution unter dem Titel vom Kaufvertrag hat zu der Ansicht geführt, dass Constantin die Lex commissoria auch beim Kauf verboten habe. Dies lässt sich jedoch nicht beweisen. Die Unterstellung der Lex commissoria unter die Titel, die vom Kauf handeln, lässt sich erklären aus der irrigen Auffassung der westgotbischen Kompilatoren, welche ja in der Verfallsklausel einen bedingten Verkauf sahen [Cap. II]. Die Schlussworte der Constitution: creditores re amissa id recipere quod dederunt, zeigen uns vielmehr, dass Constantin hier von Gläubigern spricht, welche unter Verpfändung einer Sache ein Darlehn gegeben haben. Justinian hat nun vollends alle Zweifel gehoben durch den Zusatz pignorum. Das Wort pignus darf nicht etwa zu der Meinung verführen, dass das Verbot der Lex commissoria auf das Faustpfand beschränkt werden wollte. Pignus in der Bedeutung von Pfandrecht überhaupt findet sich häufig im Corp. jur. l. 1 D. de pignor act. 13. 7: pignus contrahitur etiam nuda conventione etsi non est traditum. Was die Zeit des Erlasses der constantinischen Verordnung anbetrifft, so ist im Corp. jur. das Jahr 326 angegeben. Doch hat schon Gothofredus nachgewiesen, dass diese Jahreszahl nicht richtig ist. Die Verordnung ist nur ein Teil einer grösseren populären Gesetzgebung Constantins. Hierzu gehört noch c. 3 C. Th. XI. 7, welche die Steuerpflichtigen vor Gewaltthätigkeiten und Unverschämtheiten der Statthalter schützen will; c. un. C. Th. VIII. 16, welche die Strafen für Ehe- und Kinderlosigkeit nach der lex Julia et Papia Poppaea aufhebt; und nach Gothofredus noch c. 3 C. Th. IV. 9 ad Sc. Claudianum, welche die Rechtsverhältnisse einer Frau, welche mit einem Sclaven die Ehe eingegangen ist und die Stellung der Kinder aus dieser Ehe regelt. Diese Verordnungen sind alle vom Jahre 320, und da sonst keine zu Sardica im Jahre 326 erlassene Constitution des Kaisers vorhanden ist, nimmt man wohl mit Recht an, dass auch die vorliegende Verordnung im Jahre 320 ergangen ist. Dieses Jahr ist übrigens auch im Codex Theodosianus angegeben. Dies wird verstärkt durch die Untersuchung von Seeck (Zeitschrift der Savigny-Stiftung Bd. X Romanist. Abteil. S. 1876). Danach hat Kaiser Constantin sich während der Jahre 319—321 wesentlich in Sardica aufgehalten, dagegen im Jahre 326 in Rom. Von Sardica ist unsere Constitution datiert, cf. Seeck S. 225, 250.

Stellen wir nun den Inhalt des Verbots fest, so sagt es in ganz unzweideutigen Worten, dass jede Lex commissoria bei Verpfändungen von Grund aus ungültig ist. Das Gesetz macht keine Ausnahmen oder Einschränkungen des Verbots. Ganz und gar soll der Vertrag der Vergessenheit preisgegeben sein, totam ejus memoriam infirmari placet. Wird die Verabredung dennoch getroffen, so soll der Gläubiger kein

Eigentum erwerben, der Verpfänder bleibt Eigentümer. Nur zu Pfandzwecken hat der Gläubiger den Besitz der Sache. Er soll nicht mehr Rechte haben als ihm das Pfandrecht zugesteht. Der Pfandgläubiger kann daher nach dem Fälligkeitstermin wohl die Sache verkaufen; solange er aber von diesem Recht keinen Gebrauch gemacht hat, kann der Schuldner das Pfand einlösen. Bietet daher der Schuldner nach dem Verfalltag Zahlung an oder deponiert er bei verweigerter Annahme die Schuldsumme, so kann er, falls der Gläubiger von der Verkaufsbefugnis noch keinen Gebrauch gemacht hat, trotz Lex commissoria die Herausgabe des Pfandes verlangen.

Dies an und für sich unzweideutige Verbot der Lex commissoria hat nun in der Folgezeit bei den Juristen manche Meinungsverschiedenheit hervorgerufen. Jenachdem man die Lex commissoria pignorum definiert, jenachdem man dem Verbot diese oder jene Beweggründe unterstellt, jenachdem wird man den Geltungsbereich bestimmen.

VI. Capitel.

Grund des Verbots.

Gehen wir auf das Wesen der Verfallsklausel zurück, so lässt sich leicht erklären, welche Gründe den Kaiser zur Aufhebung des pactum commissorium bewogen haben. Und doch bestehen gerade hier grosse Meinungsverschiedenheiten. Ein grosser Teil der Juristen unterstellt dem Verbot Gründe, die jedenfalls sowohl dem Kaiser Constantin bei dem Erlass, wie auch Justinian bei der Aufnahme des Verbots in das Corp. jur. gänzlich fern gelegen haben. Zu diesem Irrtum kommt man, wenn man die Zeit nicht berücksichtigt, in welcher das Verbot erlassen ist, wenn man von dem Standpunkt einer späteren Zeit aus urteilt.

Der Gläubiger, welchem ein Pfand bestellt war, hatte das Recht, nach dem Fälligkeitstermin den Pfandgegenstand zu verkaufen. Durch Nebenvertrag konnte auch ausgemacht werden, dass für den Fall der Nichtbefriedigung dem Gläubiger das Pfand verkauft oder eigentümlich verfallen sein sollte. Durch beide Verträge hatte der Gläubiger, wenn der Schuldner nicht rechtzeitig zahlte, Anspruch auf die Pfandsache, im ersteren Falle jedoch nur einen persönlichen. Diokletian führte nun in der l. 2 Cod. de rescind. vend. 4. 44 bei Kaufgeschäften die Anfechtung aus der laesio enormis ein. Der Kaiser gab dieses Rechtsmittel, weil gewinnsüchtige Capitalisten sehr oft bei Kaufgeschäften die Notlage der capitalarmen Grundbesitzer ausnutzten. Da dieses Mittel dem bedrängten Verkäufer Schutz bieten soll gegen die Macht des Capitals, so schadet es nicht, wenn der Verkäufer den Mehrwert der Sache kennt, humanum est ut fundum recipias. Diese Anfechtung gilt bei jedem Kaufgeschäft, mithin auch bei dem bedingten Verkauf der Pfandsache. Doch hier bei der Verpfändung blieb dem habsüchtigen Capitalisten ein Ausweg, die Lex commissoria. Bei dem Kauf des Pfandes setzte sich der Gläubiger der Gefahr der Anfechtung propter laesionem enormem aus, anders bei der Lex commissoria. Hier war von keinem Kaufpreis die Rede, hier fand daher auch keine Anfechtung wegen übergrosser Verletzung statt, denn das Pfand war nicht verkauft, sondern dem Gläubiger verwirkt. Es liegt auf der Hand, dass nach der Einführung der Anfechtung aus der laesio enormis die Gläubiger nicht mehr das Pfand bedingt kauften, sondern mehr und mehr zu der Lex commissoria griffen [crescit asperitas]. Hier war eine Lücke. In sie trat das Verbot der Lex commissoria ein, welches sonach nur eine Folge von der Einführung der Anfechtung propter laesionem enormem war. Es folgte ihr auch bald.

Dass zu dem Verbot der Lex commissoria pignorum social-politische Rücksichten den Anlass gegeben haben, liegt auf der Hand, aber ebenso verkehrt wäre es anzunehmen, dass es den Zweck verfolge, den Wucher zu beseitigen. Freilich giebt die Verfallsklausel zu mancherlei captiones Anlass. Der Gläubiger, welchem ein Pfand unter der Lex commissoria bestellt ist, weiss vom Pfandschuldner noch eine Teilzahlung der Forderung zu erhalten, den Rest der Forderung treibt er dann nicht ein, sodass der Schuldner am Verfalltage das Pfand nebst der geleisteten Teilzahlung verliert. Ganz besonders aber drohte die Gefahr, dass der Gläubiger um seine Forderung die vielleicht ungleich wertvollere Pfandsache erwarb, ohne dass eine Anfechtung aus der laesio enormis stattfand. Diese Uebelstände sind der Anlass des Verbots gewesen. Die bedenkliche und durch kein Bedürfnis geforderte Uebereinkunft soll von Grund aus verboten sein, das Pfandrecht auf seinen normalen Inhalt beschränkt werden.

Eine grosse Anzahl von Juristen nimmt an, das Verbot der Lex commissoria sei nur gegen wucherische Umtriebe gerichtet, eine Ansicht, die besonders von den Canonisten vertreten wird. Von ihrem Standpunkte aus konnte man leicht auf diesen Irrtum verfallen. Sie sehen in dem Zinsennehmen eine Handlung, welche wider göttliches Gebot verstösst. Natürlich betrachten sie alle derartigen Veräusserungen nun von diesem Gesichtspunkt aus. Wenn man weiter bedenkt, dass Constantin der Grosse der erste christliche Kaiser war, so könnte man leicht annehmen, dass er als solcher auch diesem christlichen Gedanken in seinen Gesetzen Ausdruck gegeben hätte.

Ein Blick auf die Geschichte der damaligen Zeit belehrt uns jedoch eines Anderen. Erst im Jahre 325 auf dem Concil zu Nicaea wurde den Christen das Zinsennehmen als eine sündliche, Gottes Gebot widerstrebende Handlung verboten. Nun stammt aber das Verbot der Lex commissoria schon aus dem Jahre 320, und es ist daher nicht anzunehmen, dass jenes Princip schon in der Constantinischen Verordnung Ausdruck gefunden hat. Es beweist uns vielmehr die c. 1 Cod. Theod. de usuris 2. 33, dass der Kaiser noch im Jahre 325 das Nehmen von 12 % Zinsen billigt, eine Bestimmung, die auch Justinian aufrechthält. Deshalb haben auch die Compilatoren nicht aus jenem christlich-religiösen Gesichtspunkt dem Verbot der Verfallsklausel im Corp. jur. Aufnahme gewährt. Die ganze Fassung der Constitution deutet auf eine weitergehende Absicht.

Freilich lässt sich nicht leugnen, dass in der Folgezeit die christlichen Anschauungen über das Zinsennehmen und den Wucher einen bedeutenden Einfluss auf die Anwendung des Verbots ausgeübt haben. Diese Ansichten, welche wir in der ganzen kanonischen Gesetzgebung und infolge der Macht der christlichen Anschauungen bei vielen Commentatoren des römischen Rechts wiederfinden, sind dann von den deutschen Rechtslehrern aufgenommen worden und finden ihren Ausdruck in der Reichspolizeiordnung vom Jahre 1577 Titel XX § 5 „Von Juden und ihrem Wucher". Hier wird das Verbot der Lex commissoria als ein Ausfluss der Wuchergesetze angesehen. Hierauf werden wir im besonderen Kapitel [VIII] genauer eingehen. Zunächst müssen wir den Umfang des Verbots nach dem Recht des Corp. jur. feststellen.

VII. Capitel.

Wie weit erstreckt sich das Constantinische Verbot?

Placet infirmari legem commissoriam et memoriam ejus aboleri, sagt Constantin. Die Verfallsklausel ist von Grund aus bei Verpfändungen verboten. Jede Lex commissoria pignorum, mag sie gleichzeitig bei dem Verpfändungsact oder erst hinterher, mag sie zu Gunsten des Pfandgläubigers oder des Bürgen hinzugefügt sein, mag in ihr ein Wucher versteckt liegen oder nicht, ist völlig nichtig. Irgend welche Ausnahmen zu machen, gestattet das energische Verbot nicht.

Und doch hat man früher Ausnahmen aufgestellt, besonders zu Gunsten der dos. Man begründete diese Ausnahmen durch die l. un. Cod. Si rector prov. spon. ded. 5. 2 und zwar durch die Worte: Si ea non putent esse reddenda, data pignora lucrativa habeant. Doch das Wort pignus steht hier nur für das im Anfang der Stelle erwähnte arrha sponsalitia, von einer Lex commissoria pignorum handelt die

Stelle garnicht. Dies hat schon Cujacius nachgewiesen (Commentar J. Cujacii in Tit. II Lib. V. Codicis unter E: Nec illud emittendum est in hac constitutione sponsalia et pignora arrhas appellari). Einen weiteren Beleg für die Gültigkeit der Lex commissoria zu Gunsten der dos wollte man in l. 45 pr. D. de solut. et liber. 46. 3 finden. Wie man diese Stelle hier heranziehen kann, ist uns unverständlich. (Die verschiedenen Ansichten und Ausleger dieser Stelle hat Warnkönig a. a. O. Bd. 25 S. 67—70 zusammengestellt.) Einmal stammt dies Fragment aus einer Zeit, wo die Lex commissoria pignorum noch vollgültig war. In Bezug auf das Verbot derselben kann die Entscheidung also nicht getroffen sein. Eine genauere Betrachtung der Stelle ergiebt dann, dass hier nur entschieden wird, der Ehemann könne, obgleich er promittiert habe, nach der Ehe die der dos verpfändeten Grundstücke an Zahlungsstatt zu geben, seiner Verpflichtung rechtsgültig nachkommen, sofern er nur die Summe der dos auszahle. Dies ist eine Besonderheit, denn allgemein steht dem Gläubiger (Römer, die Leistung an Zahlungsstatt S. 76), wenn er sich neben der alten Stipulation noch eine in solutum datio ausbedingt, das Wahlrecht zu. Hier aber soll ausnahmsweise der Schuldner die Wahl haben, aus einer von beiden Obligationen zu leisten. Dies ist der Kernpunkt der Entscheidung, mit einer Lex commissoria pignorum hat sie nichts zu thun. (Vergl. Dernburg Pfandrecht Bd. II S. 276 Not. 1.)

Die anderen Ausnahmen sind mit noch grösserer Willkür aufgestellt. Da neuerdings die Litteratur sich wieder damit beschäftigt hat (Warnkönig a. a. O. Bd. 25 § 11), sollen sie der Vollständigkeit halber aufgeführt werden. Man hat eine Ausnahme aus l. 2 Cod. de pact. pign. 8. 34 gefolgert. Die hier gegebene Entscheidung betrifft gar nicht die Lex commissoria pignorum. Es wurde von dem Verkäufer eines Grundstücks, worauf ein Dritter Eigentumsanspruch erhoben hatte, dem Käufer zu seiner Sicherheit (pignoris hypothecaeve titulo) ein anderes Grundstück übergeben. Gesetzt auch den Fall, dass das zweite Grundstück als Ersatz dienen sollte, falls der Eigentumsprozess zu Gunsten des Evincenten ausginge, so war damit eine beide Teile bindende eventuelle Ersatzverabredung getroffen. Das ist etwas ganz anderes als die einseitig den Gläubiger berechtigende Lex commissoria. Ferner ist eine Ausnahme beim Vergleich und bei der Generalverpfändung angenommen worden. Man argumentiert so: bei der Generalverpfändung fielen die captiones der Gläubiger fort, also auch das Verbot. Allein man übersieht, dass das pactum commissorium bei Verpfändungen schlechthin verboten ist und nicht bloss, wo eine captio vorliegt. Dasselbe gilt vom Vergleich. Verpflichtet sich der Vergleichende, eine bestimmte Summe zu zahlen und bestellt hierfür ein Pfand, welches bei nicht rechtzeitiger, vollständiger Zahlung der Schuld verfallen sein soll, so liegt auch hier eine ungültige Lex commissoria vor. Natürlich ist keine Verfallsklausel vorhanden, wenn er etwa Geld oder eine Sache zu leisten verspricht. Alle diese aufgestellten Ausnahmen sind ganz haltlos und willkürlich, sie werden auch von den neueren Rechtslehrern einfach übergangen.

Man hat ferner behauptet, dass eine Lex commissoria nicht vom Verbot betroffen würde, wenn sie erst nach der Verpfändung verabredet wurde, nicht gleichzeitig mit derselben. (So Bachovius de pignoribus et hypoth. Lib. I c. 16 n. 4 S. 76: Una limitatio est, si pactum appositum fuerit ex intervallo; -Faber de erroribus Pragm. dec. XXI er. 2; neuerdings Thibaut im System Aufl. 3 Teil 2 § 649 Not. n. S. 87 gegen Aufl. 8 § 795 Not. m. S. 317.) Es war dies sogar einmal communis opinio. Aber die Ansicht [Cap. I] wurde schon früh bestritten. So von Pinellus, gestorben 1570, im Commentar ad l. 2 C. de rescind. vend. d. n. 30; besonders auch von Gothofredus a Jena a. a. O. Cap. XXX. Er führt aus, dass die ratio des Verbotes nicht cessiere und schliesst dann: porro l. ult. C. 8. 34 loquitur generaliter, ergo generaliter intelligenda. Concludendum cum Pinello contra communem esse judicandum. Auch Menken de lege com. Thes. XXIX bekämpft die communis opinio. Wie schon die allgemeine Fassung des Verbots eine solche Ausnahme nicht zulässt, so kann sie auch durch Quellenstellen nicht belegt werden. Thibaut bezieht sich auf die l. 13 C. de pign. 8. 13. Kaiser Diokletian erklärt hier die nachträgliche datio in solutum des Pfandes für gültig. Eine Lex commissoria ist hier garnicht eingegangen. Zu dieser gehört die Bedingung der nichtrechtzeitigen Befriedigung des Gläubigers. Sie muss daher vor dem Verfalltage eingegangen sein. Nach dem Verfalltage kann ein pactum commissorium nicht mehr geschlossen werden. Ebenso wie es dem Schuldner gestattet ist, die Forderung durch Verkauf des Pfandes an den Gläubiger zu tilgen, ebenso steht einer datio in solutum nichts im Wege (Dernburg Pfandrecht Bd. II S. 281 zu N. 6). Man bezieht sich dann weiter auf l. 34 D. de pigner. act. 13. 7. Diese Stelle spricht ebenso wenig von der Zulässigkeit einer nachträglich eingegangenen Lex commissoria. „Ut fundum certo pretio emptum haberet", heisst es hier wörtlich, also ein Kauf certo pretio, keine Verfallsklausel liegt vor. Desgleichen l. 1 C. de pact. pig. 8. 34: jure communi vendere debet (Westphal Pfandrecht § 260 n. 292, Gesterding Pfandrecht S. 207, Glück Pandekten Bd. 14 S. 92, Vangerow Pand. Bd. I § 383 und die neueren Lehrbücher).

Man hat die Behauptung aufgestellt, dass die Lex commissoria zu Gunsten des Bürgen eingegangen, rechtsgültig sei, da dieser Fall vom Verbot, welches nur vom Creditor spräche, nicht vorgesehen wäre. Zu diesem Irrtum hat die l. 81 pr. D. de contrah. empt. 18. 1 Veranlassung gegeben. So Donellus im Commentar ad l. ult. 8. 35 (34), Thibaut System 3. Aufl. § 649 n. o S. 88 und Brauns Erörterungen § 649 S. 586: „Was den Vertrag zum Besten des Bürgen betrifft, so wird er durch die Worte der l. ult. Cod. cit. nicht berührt, weil diese nur das Verfallen an den Gläubiger verbietet". Mit Recht halten die Meisten auch die Lex commissoria zu Gunsten des Bürgen für ungültig und sehen ganz richtig in dem vorliegenden Fragment keine Verfallsklausel, sondern einen bedingten Verkauf des Pfandes. Doch nehmen Einige an, dass der bedingte Verkauf unter das Verbot fällt, wenn das pretium nicht justum ist, sie wollen die Worte justo pretio eingeschoben wissen. So Sintenis Civilrecht S. 258, Pfandrecht § 28, Unterholzner Schuldverhältnisse Bd. II S. 860: „So wird auch bei der l. ult. D. 18.1 an ein justum pretium tunc aestimandum zu denken sein, obgleich Scaevola sich nicht so bestimmt ausdrückt". Aehnlich Glück Bd. XIV S. 102. Westphal § 260 N. 292 unter 3 sieht in dieser Stelle eine Lex commissoria, denn ob die Verfallsklausel zu Gunsten des Gläubigers oder des Bürgen eingegangen sei, mache nichts aus, das Verbot würde immer Anwendung finden. Wenn nun aber trotzdem Scaevola diesen Vertrag billige, so habe das darin seinen Grund, dass zu seiner Zeit die Lex commissoria pignorum noch nicht verboten gewesen. Dem Constantinischen Verbot gegenüber habe dies Fragment nur rechtshistorische Bedeutung. So auch Weber in seinen Versuchen No. 5.

In Wirklichkeit hat die fragliche Stelle einen anderen Inhalt. Dem Juristen Scaevola wurde eine Frage über Auslegung eines Rechtsgeschäftes vorgelegt. Titius hatte seinem Gläubiger für eine Darlehnsforderung Grundstücke verpfändet und einen Bürgen bestellt. Mit letzterem war er übereingekommen, dass, wenn er selbst nicht zahle und somit der Bürge an seiner Stelle den Gläubiger befriedigen müsse, dem Bürgen die Grundstücke verkauft sein sollten [praedia empta esse]. Nun fragt es sich, da der Bürge wirklich für den Schuldner zahlen musste, ob unter der Verabredung des Schuldners mit dem Bürgen ein wahrer Verkauf der Pfandsache oder nur eine Verpfändung der Grundstücke an den Bürgen zu verstehen sei. Der Jurist entscheidet: Si non sub conditione ut in causam obligationis, sed ut empta praedia habeat, emptio facta est, contractam esse obligationem [venditionis]. Wenn also die Absicht der Parteien dahingeht, dass die Grundstücke dem Bürgen bedingt verkauft sein sollen, so liegt ein gültiger Kauf vor; geht aber die Absicht der Parteien dahin, dass der Bürge die Grundstücke nur in causam obligationis erhalten soll, so liegt nur eine bedingte Verpfändung vor, und da soll nicht schaden, dass die Parteien bei diesem Vertrage das Wort emere gebraucht haben.

Die Absicht der Parteien soll festgestellt werden, von einer Verfallsklausel handelt diese Stelle garnicht. Scaevola entscheidet nur, welche Absicht die Parteien bei dem Vertragsschluss gehabt haben können. Das Bedenken, welches der Jurist etwa bei der Annahme eines Kaufs gehabt haben kann, ist, dass der Kaufpreis nicht sofort bestimmt ist (Dernburg Pfandr. Bd. II S. 284, Vangerow Bd. 1 § 383 No. 3, vgl. auch Bachofen Pfandr. XVII 6. S. 619). Diese Stelle kann uns also weder zu der Ansicht bewegen, dass eine Lex commissoria zu Gunsten des Bürgen erlaubt sei, noch zu der Annahme führen, dass das Verfallen der Pfänder an den Bürgen überhaupt keine Lex commissoria sei, weil diese nur zu Gunsten des Gläubigers eingegangen werden könnte. Freilich wird in der Regel mit dem Gläubiger selbst das pactum commissorium abgeschlossen; ist aber ein Bürge bestellt, so ist auch dieser gewissermassen der Gläubiger des Pfandschuldners. Dadurch nämlich, dass der Bürge, wenn der Schuldner nicht zahlt, den Gläubiger befriedigen muss, tritt er vermittelst des beneficium cedendarum actionum in die Rechtsstellung des Gläubigers.

Das Resultat unserer bisherigen Betrachtung ist also folgendes: Die Lex commissoria bei Verpfändungen für Schuldforderungen jeder Art ist gänzlich verboten. Auch ist es gleichgültig, ob sie gleich bei dem Verpfändungsact oder später, ob sie zu Gunsten des Pfandgläubigers oder des Bürgen verabredet ist.

So allgemein dies jetzt von fast allen Lehrbüchern des Pandektenrechts anerkannt wird, so sehr herrscht doch noch grosse Meinungsverschiedenheit über die Frage, in wie weit ein Verkauf des Pfandes an den Gläubiger als ein Vertrag in fraudem legis unter das Verbot falle. (Vergl. Arndts, Vangerow, Windscheid gegen Dernburg Pfandrecht Bd. II S. 280 und Bachofen Pfandr. Bd. I S. 623.) Fast alle Bearbeiter der Lex commissoria halten den Charakter des Pfandverkaufs und der Verfallsklausel nicht genug auseinander und unterstellen dem Constantinischen Verbot Gründe, die sich erst aus einer viel späteren Zeit erklären lassen. Stellen wir hier nochmal den Charakter der Lex commissoria dem des Verkaufs der Pfandsache gegenüber, so werden wir finden, dass bei letzterem von captiones, welche Constantin im Auge hat, nicht die Rede sein kann, dass der Grund des Verbots vollständig wegfällt. Bei dem Verkauf des Pfandes muss die Schuldforderung immer mit dem Kaufpreis verrechnet werden, bei der Lex commissoria kann der Pfandgläubiger ausser der Pfandsache die vom Schuldner geleistete Teilzahlung lucrieren; dort kann wegen der Laesio enormis der Kauf angefochten werden, hier verfällt das Eigentum ohne Rücksicht auf die Höhe der Forderung; dort ist der Pfandgläubiger gebunden, hier hat er die Wahl. Bei einem bedingten Verkauf des Pfandes an den Pfandgläubiger war die Härte für den Schuldner nicht grösser, als bei jedem anderen Verkauf, wo der Besitzer von Grundstücken aus Geldnot sein Besitztum verkaufen musste. Hier half man gegen zu grosse Uebervorteilung mit der Anfechtung propter laesionem enormem. Es wird daher auch von den Quellen der Verkauf des Pfandes an den Gläubiger allgemein gebilligt, er fällt nicht unter das Verbot der Lex commissoria, mag er nun gleichzeitig mit der Verpfändung eingegangen sein oder erst hinterher. Hierfür geben uns die Quellen den klarsten Beweis.

Was den nachträglich eingegangenen Verkauf des Pfandes anbetrifft, so sind schon bei der Erörterung, ob eine Lex commissoria ex intervallo gültig sei, einige Stellen angeführt, welche für die Gültigkeit des späteren Pfandverkaufs sprechen [S. 33]. Hier soll noch hinzugefügt werden die l. 12 pr. D. de distract. pign. 20. 5: creditorem a debitore pignus emere posse, quia in dominio manet debitoris.

Von den meisten Rechtslehrern wird Angemessenheit des Kaufpreises für den Fall verlangt, wenn der Verkauf des Pfandes gleich bei der Verpfändung bedingt abgeschlossen ist. Ein solcher Verkauf hat mit der Lex commissoria nur gemein, dass er auf die Bedingung der nichtrechtzeitigen Zahlung der Forderung gestellt ist, im übrigen sind beide sehr verschieden. Vielleicht für eine spätere Zeit, in

welcher man das Verbot von einem anderen Standpunkt aus
betrachtete, kann man hier von einer Umgehung des Verbots
sprechen [Cap. VIII], für die justinianische Zeit nicht. Hiergegen spricht vor allem die Verschiedenheit des Verkaufs
des Pfandes von der Verfallsklausel und der Grund des Verbots (A. M. Arndts Pand. § 376 Anm. 2 unter c, indem er sich
auf l. 16 § 9 D. de pign. 20. 1 stützt. Aehnlich Windscheid
Bd. I § 238 Not. 3, Vangerow § 383 Anm. 2). Es ist daher
ein verfehltes Unternehmen, obige Ansicht aus dem Corp. jur.
zu beweisen. Man beruft sich auf die l. 16 § 9 D. de pign.
20. 1: potest ita fieri pignoris datio hypothecaeve, ut, si intra
certum tempus non sit soluta pecunia, jure emptoris possi-
deat rem justo pretio tunc aestimandam: hoc enim casu videtur quodam modo condicionalis esse venditio. et ita divus
Severus et Antoninus rescripserunt. Am leichtesten macht
es sich A. Weber in seinen Versuchen über das Civilrecht
No. 5 § 5 u. 6 mit der Erklärung dieser Stelle, er hält sie
für antiquiert durch l. 3 Cod. de pact. pign. 8. 34. Sie passt
ihm nämlich nicht für seine Definition der Lex commissoria,
die er in § 4 ibid. aufstellt. Hiernach ist die Lex commissoria pignorum jede Verabredung, wodurch der Schuldner auf
den Fall der Nichterfüllung seiner Verbindlichkeiten Rechten
in Ansehung des Pfandes entsagt, die er sonst gehabt hätte,
und dem Gläubiger Verbindlichkeiten erlässt, die ihm würden
obgelegen haben. Allein eine solche Erweiterung ist doch
zu willkürlich, und der Vorwurf, den Weber § 2 ibid. vielen
Juristen macht, dass sie weniger die Quellen selbst zu Rate
ziehen, trifft ihn gerade hier am allermeisten. Er stellt ganz
willkürlich einen Begriff von der Lex commissoria auf, an-
statt ihn aus den Quellen selbst herzuleiten. Sollten die
Kompilatoren wirklich so unachtsam gewesen sein, dass sie
Stellen, die der Constantinischen Verordnung widersprachen,
in die Digesten aufgenommen haben, ein Verbot, das doch
nicht erst durch den Codex eingeführt war, sondern schon
200 Jahre hindurch bestanden hatte! Auch die Regel „lex
posterior derogat priori" ist hier garnicht am Platz, da ja
das Verbot bei der Zusammenstellung der Digesten schon

bestand und überdies auch die Institutionen Digesten und Codex als ein einheitliches Werk anzusehen sind.

Diese Art der Interpretation, welche überhaupt nur dann angewandt werden darf, wenn garkein anderer Ausweg vorhanden ist, hat immer nur wenig für sich und ist auch hier nicht angebracht. Das betreffende Fragment enthält garkeine Lex commissoria, dies haben die Kompilatoren sehr wohl gewusst, als sie die Stelle aufnahmen. Sie bezeugen durch die Aufnahme vielmehr, dass Verfallsklausel und bedingter Pfandverkauf etwas ganz Verschiedenes darstellen, dass letzterer nicht als Umgehung des Verbots aufzufassen ist.

Die Frage, welche dem Juristen Marcian vorgelegt war, ist folgende: Kann der bedingte Verkauf, bei welchem anfangs kein pretium certum vorhanden ist, gültig sein? Das ist der Zweifel, welcher dem Juristen bei der Beantwortung der Frage aufsteigen konnte, da ja nach dem älteren römischen Recht zu einem gültigen Verkauf ein pretium certum im strengsten Sinne gehört. Doch war man später weniger ängstlich, und verlangte nur noch, dass der Preis bestimmbar sei. Daher glaubt der Jurist, dass auch hier eine quodammodo conditionalis venditio vorhanden sei, wenn auch der Preis erst nachher bestimmt würde, und er bezieht sich dabei auf ein Rescript von Severus Antoninus, in welchem jedenfalls ein solcher bedingter Kauf für gültig erklärt wurde. Dies allein will die Stelle besagen. Die Entscheidung ist getroffen ohne Rücksicht auf das Verbot der Lex commissoria, welches ja zu Marcians Zeiten überhaupt noch nicht erlassen war. Daher können auch die Worte „pro justo pretio" nicht in Beziehung zu dem Verbot der Verfallsklausel gebracht werden. Auf diese Worte aber ganz allein stützen die meisten Juristen ihre Behauptung, dass ein bedingter Verkauf der Pfandsache unter das Verbot der Lex commissoria falle, wenn der Kaufpreis kein angemessener sei, einerlei ob er gleich bei der Verpfändung oder erst nachher bestimmt würde (so auch Glück Erläuterung der Pand. Bd. 14 S. 98 oben und Warnkönig a. a. O. Bd. 24 S. 381 No. 7). Einmal aber ist jene Entscheidung Marcians getroffen ohne alle Beziehung auf das Verbot der Lex commissoria pignorum, es bestand ja damals noch garnicht. Dann aber liegt der Nachdruck nicht auf dem justum des Preises, sondern auf dem quodammodo conditionalis. Dies ist der Kernpunkt der Entscheidung. Nur über die Frage, ob ein Verkauf gültig sei, bei welchem das pretium noch kein certum ist, wird hier entschieden, nicht aber, ob ein bedingter Verkauf des Pfandes, dessen pretium kein angemessenes ist, unter das Verbot der Lex commissoria pignorum falle. Schwerlich ist daher diese Stelle in die Pandekten aufgenommen, um einen solchen bedingten Verkauf des Pfandes pro justo pretio von dem Verbot der Verfallsklausel auszunehmen. Von einem angemessenen Verhältnis der Schuldforderung zum Wert des Pfandgegenstandes wird in dem Constantinischen Verbot nicht gesprochen.

Da die Zeit, aus welcher dies Fragment stammt, eine Beziehung der Worte justo pretio tunc aestimandum auf das Verbot der Lex commissoria pignorum nicht zulässt, hat man diesen Passus für ein Emblema Triboniani gehalten. Abgesehen nun davon, dass überhaupt die Entscheidung dieses Fragments auf das Wort justum garkeinen Wert legt, dass hier nur die Gültigkeit eines Kaufs, dessen Preis erst später festgesetzt werden soll, anerkannt wird, so zwingt uns doch nichts, die Worte justo pretio in Verbindung mit dem Verbot der Lex commissoria pignorum zu bringen, sie können ebenso gut im Hinblick auf die Anfechtung aus der Laesio enormis hinzugefügt sein. Gebraucht doch ebendieselben Worte die l. 2 Cod. de rescind. vend. 4. 44, quod deest justo pretio recipies. Wenn man daher ein Emblema Triboniani annehmen will, so liegt die letztere Beziehung viel näher, denn bei dem Verbot der Verfallsklausel ist überhaupt von einem justum pretium nicht die Rede. Alle angeführten Quellenstellen beweisen uns vielmehr, dass das Verbot der Lex commissoria pignorum sich nicht auf den bedingten Verkauf des Pfandes an den Gläubiger erstreckt, mag nun der Kaufpreis gleichzeitig mit dem Verpfändungsakt oder nachträglich oder auch durch einen Dritten festgesetzt sein, sei er ein justum oder injustum pretium.

Was weiter das pactum de retrovendendo betrifft, so ist dies an und für sich auch ein erlaubter Vertrag und fällt nicht unter das Verbot. Dieses pactum gehört juristisch garnicht zum Pfandrecht. Beim pactum de retrovendendo ist eine Sache nicht verpfändet, sondern von Anfang an verkauft, dem Verkäufer steht während der bestimmten Zeit nur das Recht des Wiederkaufs zu. Juristisch liegt daher ein Kauf vor, der Geldgeber trägt auch die Gefahr, nicht der Geldnehmer. Allerdings ersetzt das pactum de retrovendendo nicht selten eine Verpfändung. Es hat auch mit der kommissorischen Klausel Aehnlichkeit, beide lassen die Wiedereinlösung des verpfändeten oder verkauften Vermögensgegenstandes nur während einer bestimmten Zeit zu. Juristisch sind sie jedoch ganz verschieden. Bei dem pactum de retrovendendo kommen allgemein die Rechtssätze vom Kauf zur Anwendung. So hat der Schuldner, der, um Kapital zu bekommen, unter dem halben Wert hat verkaufen müssen und hernach nur für einen teuren Preis die Sache wiederkaufen kann, die Anfechtung aus der Laesio enormis. Während bei der Lex commissoria der Pfandgläubiger die Befugnis hat, entweder die Pfandsache als sein Eigentum in Anspruch zu nehmen oder die Schuldforderung geltend zu machen, so steht bei dem pactum de retrovendendo dem Schuldner das Wahlrecht zu, der Gläubiger ist gebunden. Da nun ein solches pactum nach den Grundsätzen des Verkaufs zu beurteilen ist, der Pfandverkauf aber erlaubt ist, so haben wir keinen Grund zur Annahme, dass es vom Verbot der Lex commissoria pignorum betroffen sei.

Auch das Versprechen im Fall der Nichtzahlung einer Schuld das Eigentum an der verpfändeten Sache übertragen zu wollen, fällt nicht unter das Verbot. Es wird hier kein unmittelbarer Eigentumsübergang bewirkt, sondern nur ein persönlicher Anspruch begründet (vergl. Dernburg Pfandrecht Bd. II § 123 N. 1). Es ist um so weniger Grund, das Versprechen als kommissorische Klausel anzusehen, wenn man nicht dem Gläubiger sondern dem Schuldner die Wahl zwischen der Schuldtilgung aus der ursprünglichen Obligation und der promissio in solutum zugesteht (Heimbach in Weiskes Rechtslexikon Bd. III S. 246 u. 247) und wenn man ferner dem Schuldner die Anfechtung wegen der Laesio enormis giebt.

Von manchen älteren Schriftstellern werden dann noch viele Specialfragen ganz willkürlich aufgestellt, von denen manche gar nicht direkt hierher gehören (Gothofredus a Jena XXXVI ff. und Menken a. a. O. Th. 17 ff.). Wir übergehen sie, weil sie sich aus dem Gesagten von selbst beantworten und möchten nur noch den Fall heranziehen, wo die Verabredung getroffen ist, dass der Gläubiger bei nichtrechtzeitiger Befriedigung die Hyperocha ganz für sich behalten soll. Jenes Abkommen zwischen dem Schuldner und Gläubiger ist schon von Cujacius behandelt und nach l. 20 Cod. de distract. pign. 8. 27 für gültig erklärt. Cujacius bezieht die Worte si nihil specialiter convenit auf eine derartige Verabredung mit dem Pfandgläubiger. Das Rescript sagt: si nihil convenit specialiter non super hoc ad rem, sed in personam actio competit. Eine in rem actio würde nur statt haben, wenn man hierüber specialiter übereingekommen wäre. Diese Erklärung liegt viel näher als jene des Cujacius. Doch ist diese Ansicht des Cujacius schon früh bekämpft und zuletzt von Warnkönig a. a. O. Bd. 24 S. 386 überzeugend widerlegt. Jene Verabredung des Pfandgläubigers mit dem Schuldner wird meist auf eine Lex commissoria hinauskommen, wenn die Absicht der Parteien dahin geht, dass der Schuldner gleich bei dem Verfalltage sein Eigentum verlieren, der Gläubiger aber von da ab über das Pfand verfügen soll.

VIII. Capitel.

Weitere Ausdehnung des Constantinischen Verbots durch das kanonische Recht und durch die alte Reichsgesetzgebung.

Die bisher dargestellte Auffassung von der Verfallsklausel, die allein dem Namen Lex commissoria und den römischen Quellen entspricht, ist freilich in der späteren Zeit nicht immer festgehalten worden. Während Constantin die Lex commissoria pignorum als einen das Gemeinwohl benachteiligenden und dem Wesen des Pfandrechts zuwiderlaufenden Nebenvertrag für ungültig erklärt hat, unterstellen die späteren Juristen, und vor allem die kanonischen Rechtslehrer, dem Verbot andere Gründe. Gemäss der Ansicht ihrer Zeit, dass das Zinsennehmen dem göttlichen Gebot widerstrebe, stellen sie vor allem als Grund des Verbots den Wucher hin. Von diesem Grunde ausgehend halten sie die Lex commissoria pignorum für einen sittlich zu verwerfenden wucherischen Vertrag und subsumieren unter die ratio legis nicht nur die eigentliche Verfallsklausel, sondern auch alle diejenigen Verkäufe der Pfandsache, welche direct unter dem Druck der Verpfändung eingegangen sind und infolgedessen ein Wuchergeschäft enthalten. Während noch die Glossatoren alle auch die drückendsten Nebenverträge für gültig erklären mit Ausnahme der Lex commissoria pignorum, für deren Verbot sie weiter keinen Grund angeben, betrachten die Juristen vom 13. Jahrhundert ab diese Verträge allgemein von dem Standpunkt aus, ob sie ein Wuchergeschäft enthalten, und subsumieren sie dann unter das Verbot der Lex commissoria. Hier wird vor allem darauf gesehen, ob die Entäusserung des Pfandes pro justo pretio stattgefunden hat. Freilich sagt der Papst Innocenz III. in dem cap. 7 X. 3. 21 nicht, dass das Verbot der Verfallsklausel ein Wuchergesetz sei, er verbietet den kommissorischen Vertrag, weil er improbatum sei, ohne sich weiter über den Begriff der Lex commissoria pignorum und den Grund des Verbots auszulassen. Aber eben dies improbatum bezieht sich entsprechend der Auffassung der damaligen Zeit vor allem auf den Wucher. Hierfür spricht weiter die ganze Behandlung und Beurteilung derartiger Geschäfte im Corp. jur. can. So ist nach den Grundsätzen des kanonischen Rechts der Käufer, welcher ein pactum de retrovendendo abgeschlossen hat, um die Zinsverbote zu umgehen, stets verpflichtet, den Kaufgegenstand wieder herauszugeben. Cap. 4 X. 4. 21. Wenn wir nun von diesem Gesichtspunkt aus die Lex commissoria pignorum beurteilen und als Grund des Verbots den Wucher ansehen, so muss jeder bedingte Verkauf des Pfandes unter das Verbot fallen, dessen Preis unter dem Druck, den der Pfandgläubiger bei der Gewährung des Credits ausüben kann, zu niedrig festgesetzt ist. Jene Auffassung von dem Zweck des Verbots ist dann in der Praxis allgemein zur Geltung gekommen und wird in der alten Reichsgesetzgebung bestätigt. So sagt die Reichspolizeiordnung vom Jahre 1577 im Titel XX. § 5. Von Juden und ihrem Wucher: „Und dieweil man in Erfahrung kompt, dass die Juden mit dem Christen sondere Geding machen, da die eingesetzte Pfandt in benamter Zeit nicht gelöst würden, dass alsdann dieselbige ihnen verfallen seyn sollen. Wann aber dasselbige dem Rechte zuwieder, so ordnen wir, dass solche Geding verboten und nichtig seyn." Das Geding, dass das Pfand verfallen sein soll, wenn es in genannter Zeit nicht eingelöst wird, ist unsere Lex commissoria pignorum. Mit den Worten: Wenn aber dasselbige dem Rechte zuwieder, verweist die Verordnung auf das gemeine Recht, wo ja das Verbot schon bestand. Die Ueberschrift „Von Juden und ihrem Wucher" beweist aber weiter, dass die alte Reichsgesetzgebung in dem Verbot der Lex commissoria pignorum ein Wuchergesetz erblickt, dem Wucher soll vor allem durch das Verbot entgegen getreten werden. Auch hiernach lässt es sich also rechtfertigen, wenn man jeden bedingten Verkauf des Pfandes, dessen Preis unter dem Druck, den der Capitalist auf den Schuldner gleich bei der Creditgewährung ausübt, festgesetzt ist, als einen Vertrag auffasst, welcher unter das Verbot der Verfallsklausel fällt. Sehen wir uns nun hieraufhin die verschiedenen Anwendungsfälle des Verkaufs der Pfandsache an.

Nicht kann als Umgehung des Verbots der nach dem Verfalltage geschlossene Verkauf des Pfandes angesehen werden. Hat der Capitalist unbedingt Credit gewährt und dafür ein Pfand erhalten, so kann er durch diesen schon gewährten Credit keinen Druck weiter ausüben. Der Schuldner braucht also bei dem späteren Verkauf an den Gläubiger keine Concessionen zu machen, kann durch den schon gewährten Credit nicht etwa gedrängt werden billiger zu verkaufen. Das Recht zum Verkauf steht dem Gläubiger schon aus dem Pfandrecht zu, der Pfandschuldner muss das Eigentum aufgeben. Und warum sollte er da dem Pfandgläubiger nicht ebenso wie jedem Anderen den Pfandgegenstand veräussern dürfen; der Gläubiger bietet dem Pfandschuldner vielleicht mehr, als ein öffentlicher Verkauf ergeben würde, sollte der Schuldner sich diesen Vorteil entgehen lassen! Auch wenn der Verkauf vor dem Verfalltage aber erst nach der Verpfändung eingegangen ist, kann durch die schon stattgefundene Verpfändung und Creditgewährung kein Druck auf den Schuldner ausgeübt werden.

Anders liegt das Verhältnis, wenn der Pfandgläubiger durch weitere Fristgewährung den Schuldner, für den Fall, dass er nicht rechtzeitig zahlen sollte, zu bewegen sucht, das Pfand ihm billig zu überlassen. Dann ist der Verkauf der Pfandsache, wenn auch nach der ursprünglichen Verpfändung in Wirklichkeit bei der weiteren Fristgewährung, d. h. gleichzeitig mit einer neuen Verpfändung eingegangen. Durch das Versprechen weiterer Fristgewährung wird ein neuer Credit bewilligt, eine neue Verpfändung eingegangen. Wenn der Schuldner nun durch diese zu einem bedingten Verkauf des Pfandes veranlasst worden ist, so wird überall dort eine ungerechtfertigte Bedrückung des Schuldners vorauszusetzen sein, wo der Kaufpreis dem Wert des Pfandes durchaus nicht entspricht. Eine solche Bedrängung des Schuldners ist aber dort nicht anzunehmen, wo der Verkauf gleich bei der Verpfändung bedingt abgeschlossen ist, der

Kaufpreis selbst aber erst später festgesetzt werden soll. Wenn aber bei einem bedingten Verkauf der Preis gleich bei der Verpfändung festgestellt wird, so liegt die Gefahr nahe, dass der Capitalist seine mächtigere Stellung dem Schuldner gegenüber missbraucht. Dieser Missbrauch liegt überall dort vor, wo der Kaufpreis durch den Druck der Verpfändung injustum ist. Dies ist ein versteckter Wucher, nach späterem Recht also eine Umgehung des Verbots der Lex commissoria pignorum. Ebenso gehört hierher das gleich bei der Verpfändung gemachte Versprechen für den Fall der nichtrechtzeitigen Zahlung der Schuldforderung das Eigentum der verpfändeten Sache dem Pfandgläubiger übertragen zu wollen, wenn der Wert des Pfandes zur Forderung in keinem Verhältnis steht.

Weiter kann es keinen Unterschied machen, ob der gleichzeitig mit der Verpfändung eingegangene bedingte Verkauf des Pfandes mit dem Pfandgläubiger oder mit dem Bürgen abgeschlossen ist.

Das allgemeine Princip, welches sich nun aus den Anwendungsfällen ergiebt, ist folgendes. Ueberall dort, wo bei der Entäusserung des zugleich verpfändeten Vermögensgegenstandes der Preis unter dem Druck der Creditirung resp. Verpfändung bestimmt und infolge dessen kein angemessener ist, liegt eine Umgehung des Verbots der Lex commissoria pignorum vor, da man nach den Grundsätzen des Corp. jur can. und der alten deutschen Reichsgesetzgebung in diesem Verbot ein Wuchergesetz erblickte. Hiernach sind als Verträge in fraudem legis vom Verbot betroffen, ausser der allgemein verbotenen Lex commissoria pignorum, wie wir sie aus den römischen Quellen hergeleitet haben, jede datio in solutum des Pfandes, jedes pactum de retrovendendo, — vorausgesetzt, dass letzteres eine Verpfändung verbirgt —, jeder Verkauf des Pfandes an den Pfandgläubiger oder Bürgen, wenn der Preis unter dem Druck der Creditirung zu niedrig festgesetzt ist.

Nicht aus dem römischen Recht lässt sich diese Erweiterung rechtfertigen, sondern erst aus der kanonischen und alten deutschen Reichsgesetzgebung. Wenn daher das Ober-Appellationsgericht zu Dresden im Urteil vom 7. März 1849 (Seufferts Archiv Bd. III Nr. 12) den gleichzeitig bei der Verpfändung eingegangenen bedingten Verkauf des Pfandes an den Gläubiger für verboten ansieht, sobald das pretium kein justum ist, so ist die Entscheidung im Resultat richtig, in der Begründung aber können wir ihr nicht beistimmen. Was das Urteil aus der l. 16 § 9 D. de pignor. 20. 1 herausliest, will das betreffende Fragment, wie wir S. 37 ff. gezeigt haben, garnicht feststellen (vergl. auch Dernburg Pfandrecht Bd. II S. 285 Note 14). Erst eine spätere Zeit stellt solche Pfandverkäufe als pacta usuraria unter das Verbot der Verfallsklausel. Dies erkennt ganz richtig die Helmstädter Juristen-Fakultät vom Jahre 1721. (In Leyser's Medit. ad Pandect. VI Spec. 158.) Sie erklärt auf Grund der Reichspolizeiordnung vom Jahre 1548 Tit. 17 § 1 und 7 ein pactum de retrovendendo, welches eine Verpfändung verbirgt, für ein ungültiges pactum commissorium, wenn der Preis des Wiederkaufs grösser als der des ursprünglichen Kaufs ist. Dies Urteil zeigt zugleich, dass bei Verpfändungen derartige Verträge, wenn sie einen Wucher enthielten, als pacta commissoria angesehen wurden. Es heisst hier: „Der ganze Streit kommt auf die Frage an: ob der zwischen Kläger und Beklagten getroffene Kontrakt ein wahrhaftiger Wiederkauf sei, oder aber ein Pfandkontrakt mit angehängtem pacto commissorio darin verborgen liegt. Nachdem aber hinzugesetzt wird, Kläger solle bei der binnen 5 Monat versprochenen Wiedereinlösung dem Beklagten über die empfangenen 250 rthlr. noch 16 rthlr. Profit geben, so fällt das hierunter steckende Pactum usurarium in die Augen".

Wenn wir die bisherige Betrachtung kurz zusammenfassen, so ergiebt sich für das gemeine Recht folgendes Resultat: Die Lex commissoria pignorum ist die Verfallsklausel, gemäss welcher dem Pfandgläubiger bei nicht rechtzeitiger und vollständiger Befriedigung der verpfändete Vermögensgegenstand um den Betrag seiner Forderung eigentümlich verfällt. Wenn auch die grosse Verschiedenheit zwischen der Lex commissoria und dem bedingten Pfandverkauf, sowie der Zweck des Constantinischen Erlasses nicht gestatten, den gleichzeitig mit der Verpfändung eingegangenen bedingten Verkauf des Pfandes nach römischem Recht dem Verbot zu unterstellen, so ergiebt sich doch für das gemeine Recht die Subsumierung eines solchen Pfandverkaufs unter das Verbot, wenn der Kaufpreis unter dem Druck der Creditierung festgesetzt wurde. Im Resultat stimmen wir im Wesentlichen mit den meisten Lehrbüchern überein. Vergl. Arndts Pand. § 376. An. 2, Vangerow Bd. I § 383 Anm. 1—3, Windscheid Bd. § 238 Anm. 3.

IX. Capitel.
Kann Privatdisposition die Anwendung des Verbots der Lex commissoria pignorum ausschliessen?

Es bleibt nun noch die Frage zu erörtern, ob der Verzicht des Schuldners auf den Schutz der l. 3 Cod. de pact. pign. 8. 34 rechtsgültig sei. Gegen den Grundsatz, man könne Niemandem eine Wohlthat aufdrängen, muss bemerkt werden, dass das Verbot durch die Möglichkeit des Verzichts seinen Zweck völlig verfehlen würde. Denn jeder geriebene Kapitalist würde den Kapitalsuchenden zum Verzicht nötigen. Die Konstitution Constantins enthält daher zwingendes Recht, jus publicum, das durch Privatwillen nicht geändert werden kann. Hieraus entsteht aber weiter für den Richter die Pflicht, eine Verabredung für unverbindlich zu erklären, wenn aus den Parteiverträgen sich ergiebt, dass eine Lex commissoria pignorum vorliegt, und dementsprechend zu entscheiden, ohne dass vom Pfandschuldner ein Antrag daraufhin gestellt ist (A. M. Dernburg Pfandr. Bd. II S. 285 N. 2). Das öffentliche Interesse verlangt von dem Richter von Amtswegen darauf zu achten, dass die l. 3 Cod. 8. 34 zur Anwendung kommt. (So das O.A.G. zu Lübeck v. 28. Jan. 1854 und das O.L.G. zu Braunschweig v. 27. Mai

1834 in Seuffert's Archiv Bd. VIII N. 237 und Bd. XLI N. 177.)

Wenn nun auch allgemein anerkannt wird, dass einfacher Verzicht das Verbot der Lex commissoria nicht ausschliessen kann, so besteht doch grosse Meinungsverschiedenheit über die Frage, in wie weit eidliche Bestärkung des Verzichts das Verbot unwirksam macht. Da das religiöse Gefühl in dieser Materie vor allem mitspricht, so haben denn hier die Päpste mit Entscheidungen eingegriffen, ohne jedoch ein festes Princip aufzustellen.

Anlass zu der aufgeworfenen Frage hat c. 7 X 3. 21 gegeben. Der Inhalt dieser Stelle ist folgender. Es hat jemand sein Besitztum verpfändet und eidlich bekräftigt, dass er es bis zum bestimmten Termin wieder einlösen werde, andernfalls solle dem Pfandgläubiger das Eigentum verfallen sein. Der Schuldner händigt nun einem, wie ihm scheint, zuverlässigen Boten das Geld ein, um es dem Gläubiger zu überbringen. Der Bote unterschlägt jedoch das Geld, der Schuldner selbst gerät in Gefangenschaft und ist deshalb verhindert, den Gläubiger zum festgesetzten Termin zu befriedigen. Sobald er freigelassen wird, bietet er Zahlung an. Nun fragt es sich, darf der Gläubiger das Pfand behalten und Annahme der späteren Zahlung verweigern? Die Entscheidung des Papstes geht dahin, dass der Gläubiger das Pfand herausgeben muss, und zwar aus folgenden Gründen: 1) pactum legis commissoriae in pignoribus improbatum est. 2) [debitor] quantum in eo fuit juramentum debiti adimplevit. Innocenz III. giebt hier zwei Entscheidungsgründe: Einmal ist die Lex commissoria pignorum verboten, dann aber soll es hier so gehalten werden, als ob der Schuldner dem Eide nachgekommen wäre. Nach dieser Stelle hat man die eidliche Bestärkung eines kommissorischen Vertrags bald für gültig bald für ungültig erklärt. Gerade dass hier der Papst zwei Gründe angiebt, führt zur Meinungsverschiedenheit. Einige halten den ersten Grund für allein genügend, andere den letzteren für den wichtigeren. Ganz oberflächlich argumentiert Overbeck. (Gebr. Overbeck Meditationum Bd. 5 Med. 288 § 3) „Die beiden Entscheidungsgründe lehren, dass selbst der Eid dem kommissorischen Vertrag — denn hier war dieser Vertrag mit einem Eid bestätigt — keine Verbindlichkeit verschaffen könne". Wenn Overbeck sich die Entscheidungsgründe genauer angesehen hätte, würde er solchen Schluss wohl nicht gezogen haben. Nicht trotzdem der kommissorische Vertrag eidlich bestärkt ist, soll hier die Lex commissoria ungültig sein, sondern sie kommt deshalb nicht zur Anwendung, weil der Schuldner seiner eidlich bestärkten Verpflichtung nachgekommen ist. Es soll so gehalten werden, als wenn der Schuldner der eidlichen Versicherung, rechtzeitig zu zahlen, nachgekommen wäre, daher kann ihn die Folge der nicht rechtzeitigen Zahlung nicht treffen, daher kann die Lex commissoria keine Anwendung finden. In Glücks Pandekten Bd. XIV S. 94 wird ungefähr folgender Schluss gemacht. Schon der erste Grund, den der Papst anführt, dass nämlich das pactum legis commissoriae verboten ist, genügt, um die Verfallsklausel hier auszuschliessen, es ist der Hauptgrund. Der zweite Grund dient nur zur Bestärkung des ersteren. Sollte nun der letzte Grund nicht in jedem Fall für den Schuldner sprechen, so bleibt noch immer der erste, der Hauptgrund, vollgültig. Dieser Schluss ist nicht richtig, der Papst giebt vielmehr durch Hinzufügung des zweiten Grundes an, dass der erste unter Umständen nicht genügt um das Verbot auszuschliessen.

Sehen wir uns einmal genau die Entscheidungsgründe an, so werden wir gewahr, dass diese Stelle unsere Frage garnicht direct behandelt. Der Gedankengang des Papstes bei der Entscheidung ist folgender: Wenn auch das pactum legis commissoriae allgemein ungültig ist, so könnte man doch denken, dass der hinzugefügte Eid der Verfallsklausel volle Wirksamkeit gäbe. Für den Fall aber, dass man dieses annimmt, soll es doch so gehalten werden, als wenn der Schuldner seiner Verpflichtung aus dem Eid nachgekommen ist. Aus dieser Entscheidung lässt sich daher keinesfalls herauslesen, dass trotz eidlicher Bestärkung der kommissorische

Vertrag ungültig sei, vielmehr muss man den Schluss ziehen, dass, wenn der Schuldner nicht der eidlich bestärkten Verpflichtung nachgekommen wäre, die Lex commissoria Anwendung finden würde. Die Stelle spricht also mehr für die Gültigkeit der eidlich bestärkten Verfallsklausel als dagegen. (Vergl. Weber, Lehre von der natürlichen Verbindlichkeit § 122 Not. 3. Leipzig 1825.) Sie genügt aber zur Beantwortung unserer Frage nicht, wir müssen daher auf die allgemeinen Grundsätze über eidliche Bestärkungen zurückgehen.

Das römische Recht geht hier von einem gesunden Gesichtspunkt aus, indem es den Grundsatz aufstellt, dass durch den Eid ein Rechtsgeschäft keine grössere Kraft bekommt als ihm an sich schon innewohnt, l. 7 § 16 D de pactis 2. 14: generaliter quoties pactum a jure commune remotum est servari hoc non oportet nec jusjurandum servandum. Auch L 112 § 4 de leg. I. Dies Princip ist einzig und allein zu rechtfertigen, da sonst der einzelne Mensch vermittelst des Eides die Kraft der Gesetze brechen und sich so über die Rechtsordnung stellen könnte. Daher darf keine Handlung, die dem Gesetz zuwiderläuft, durch den hinzugefügten Eid zugelassen werden, lege prohibente nec admitti sacramentum certum est l. 5 § 2 Cod. de leg. et constit. 1. 14. Man sagt nun, dass Kaiser Alexander dieses Princip mit der l. 1. Cod. si adversus vend. 2. 27 durchbrochen habe. Er erklärt den Verkauf, den ein Minderjähriger eidlich bekräftigt hat, für gültig und unanfechtbar. Gegen diese Behauptung lässt sich mit Recht folgender Einwand machen: Der Verkauf war schon an und für sich gültig, er wird es also nicht erst durch den Eid, nur stand dem Minderjährigen die restitutio in integrum offen. Diese aber verweigert der Kaiser dem Minderjährigen, weil eine solche Wohlthat einem Eidbrüchigen nicht zukomme. Wenden wir nun dieses Princip auf unsere Lex commissoria pignorum an, so kann ein hinzugefügter Eid derselben keine Gültigkeit verschaffen, da hier ein nichtiger Vertrag vorliegt, der vom Recht nicht anerkannt ist. Doch ist dies Princip des römischen Rechts nicht allgemein von den späteren Juristen vertreten worden. Namentlich hat Martinus im Gegensatz zu Bulgarus, der die quellenmässige Auffassung verteidigte, dem Eid eine viel stärkere Wirkung beigelegt, indem er obige Entscheidung Alexander Severs in der l. 1 Cod. 2. 27 auch auf von vornberein nichtige Rechtsgeschäfte der Minderjährigen bezog. Dem Streit machte Kaiser Friedrich I. durch die sogenannte authentica sacramenta Puberum ein Ende, und entschied zu Ungunsten des römischen Prinzips, dass der Eid auch ungültige Geschäfte der Minderjährigen rechtsgültig mache. Zu dieser Entscheidung haben schon Einflüsse der kanonischen Gesetzgebung mitgewirkt, welche allmählich in dieser Materie die massgebende wurde. Die Päpste sahen in dem Eid eine Verbindlichkeit gegen Gott und zogen daher alle diejenigen Rechtsgeschäfte vor ihr Forum, bei welchen eine eidliche Zusage abgegeben war. Schon Alexander III. 1159—1181 sagt in cap. 6 und 8 X de jurejurando 2. 24, dass eine eidliche Bekräftigung unerlaubter Verpflichtungen ebenso wie erzwungene Eide der relaxatio bedürfen, um den Schwörenden von seiner Verbindlichkeit gegen Gott zu befreien. Diese Bestimmung bezweckt vor allem die Machtbefugnisse der Päpste und der geistlichen Gerichtsbarkeit zu erweitern. Der grosse Kampf zwischen Kaiser und Papst um die Weltherrschaft spiegelt sich hier gleichsam im Kleinen wieder. Auf der einen Seite steht das Gesetz, das Staatsinteresse, auf der anderen Seite der die Kraft der Gesetze beeinträchtigende Versprechenseid, die geistliche Gerichtsbarkeit. Das römische Recht musste auch hier dem kanonischen Recht weichen. So ergingen noch von Innocenz III. und Bonifacius VIII. das cap. 2 in VI. 1. 18, cap. 28 X 2. 24 und cap. 2 in VI. 2. 11. Hiernach soll sowohl der eidliche Verzicht einer noch nicht deferierten Erbschaft als auch die eidliche Zustimmung der Frau zu den Veräusserungen des fundus dotalis rechtsgültige Wirkung haben. Eine weitverbreitete Praxis leitet hieraus ein allgemeines Prinzip ab, dass alle eidlichen Versprechungen gehalten werden müssten, welche man ohne Verlust der ewigen

Seligkeit nachkommen könnte und durch welche kein Dritter Verluste erlitte: cum juramentum non vergat in aeternae salutis dispendium, neu redundet in alterius detrimentum, cap. 2 in VI. 1. 18. Natürlich darf der Eid nicht durch Betrug oder Gewalt erlangt sein: juramentum non vi nec dolo praestito.

Die Kanonisten sehen nun in der Lex commissoria pignorum eine sündliche wucherische Abmachung. Bei solchen Verträgen verordnen die Päpste, dass der Gläubiger die schon empfangenen Zinsen herausgeben müsse, auch wenn der Schuldner eidlich darauf verzichtet hätte, cap. 13 X de usuris 5. 19. Da man nun auf der einen Seite kein sündliches wucherisches Geschäft dulden wollte, auf der anderen Seite aber auch keinen Meineid gestatten konnte, so löste man den Konflikt durch die relaxatio juramenti vor dem geistlichen Richter. Ueberall da, wo die Lex commissoria pignorum ein Wuchergeschäft verbirgt, also eine sündliche Handlung in sich schliesst, kann auch die eidliche Bestärkung keine vollgültige Verabredung hervorbringen. Gleichwohl ist aber die eidliche Bestärkung nicht ipso jure nichtig, sondern der Schuldner muss erst bei dem geistlichen Richter die relaxatio juramenti erbitten und diese wird er stets erhalten, wenn er durch die Lex commissoria pignorum in ungerechtfertigter Weise von dem Gläubiger übervorteilt ist. Nachdem heutzutage die dem geistlichen Richter zustehende Befugnis vom Eid zu entbinden fortgefallen und dem weltlichen Richter übertragen ist, so muss der Richter, wenn er die Verabredung an sich für unwirksam erklärt, auch vom Versprechenseid entbinden. (So Vangerow Pandekten § 383 Anm. 4, Warnkönig a. a. O. Bd. 25 § 15 N. 49, Dernburg Pfandrecht Bd. II § 124 Not. 19.)

Der Grundsatz des kanonischen Rechts, dass der Eid eine klagbare Verpflichtung unter Umständen erzeuge, wenn er nicht aus Zwang oder Betrug oder über ein sündliches Geschäft gegeben sei, dass weiter für letztere Fälle eine relaxatio juramenti nötig sei, ist freilich nicht allgemein anerkannt. (Vergl. Glück Erläuterung der Pandekten Bd. XIV

S. 95, Weber Lehre von den natürlichen Verbindungen § 123, Gebr. Overbeck Meditationen Bd. 5 Med. 288.) Auch kommt man jetzt allgemein davon zurück. Und das mit Recht. Einmal hat in protestantischen Ländern die Lehre von der relaxatio juramenti keine Anwendung gefunden. Dann ist das kanonische Prinzip nicht nur sehr gefährlich, sondern widerstrebt auch den Grundsätzen der Rechtsordnung. Das Gesetz steht über dem Willen der einzelnen Menschen. Wird ein Vertrag vom Recht nicht anerkannt, so soll ein hinzugefügter Eid denselben auch nicht rechtsgültig machen können. Die heutige Praxis dehnt daher die beiden päpstlichen Entscheidungen über die eidliche Zustimmung der Frau zur Verausserung des Dotalgrundstückes und über den eidlich bekräftigten Erbverzicht auf weitere Fälle nicht aus. Man darf mithin jetzt einer eidlich bestärkten Lex commissoria pignorum kein Gewicht beilegen. Am besten löst hier die Zweifel der Gesetzgeber. So sind auch für das gemeine Recht verschiedene Verordnungen gegeben: für Holstein: Allerhöchst königliche Verordnung wegen Einschränkung des überflüssigen Gebrauchs der Eide d. d. 11. Dec. 1758 und 24. October 1775 § 14; für Mecklenburg: Verordnung vom 31. März 1800; für Hannover: Gesetz vom 28. Dec. 1821, Verordnung über das Verbot aller Privateide § 1 und 12. Man kann wohl für das jetzige Recht sogar die Behauptung aufstellen, dass auch jene beiden Ausnahmsfälle der kanonischen Gesetzgebung durch Gewohnheitsrecht beseitigt sind. Man stellt sich dadurch allmählich wieder auf den gesunden Boden des römischen Rechts, welches dem durch Eid bekräftigten Rechtsgeschäft keine grössere Wirkung beilegt, als ihm an sich schon innewohnt. (So Dernburg Pandekten Bd. III § 127 bei Not. 3 und § 18 bei Not. 10. Anders jedoch noch Seufferts Archiv Bd. III No. 53.)

X. Capitel.

In wie weit wird die Lex commissoria pignorum von dem Bundesgesetz vom 14. November 1867 berührt?

Unsere ganze bisherige Erörterung scheint auf den ersten Blick für das praktische Recht zwecklos zu sein angesichts des Bundesgesetzes vom 14. November 1867. Es heisst hier in § 1: „Die Höhe der Zinsen, sowie die Höhe und die Art der Vergütung für Darlehne und für andere kreditierte Forderungen, ferner Konventionalstrafen, welche für die unterlassene Zahlung eines Darlehns oder einer sonst kreditierten Forderung zu leisten sind, unterliegen der freien Vereinbarung". Hieraus will man nun die Beseitigung des Verbots der Lex commissoria pignorum herleiten. So Förster Theorie und Praxis Aufl. III Bd. III § 190 Not. 30 S. 384, anders Aufl. V in der Bearbeitung von Eccius § 190 Not. 32 S. 431. Förster bezieht sich dann weiter in seinem Grundbuchrecht S. 174 auf das preussische Gesetz vom 5. Mai 1872 über Grundeigentumserwerb. Hier heisst es freilich in den Motiven (Stenographischer Bericht des Herrenhauses 1871/72 B. 2 Aktenstück 8 unter X), es bedürfe nicht der Aufhebung des Verbots der Lex commissoria pignorum, weil das Verbot bereits durch das Bundesgesetz vom 14. Nov. 1867 aufgehoben sei. Doch kann natürlich für das deutsche Gesetz über die Freigabe des Zinsmaximums die Interpretation eines preussischen Gesetzgebers nicht massgebend sein, zumal er nur den Erwerb von Grundeigentum regelt.

P. Hinschius (in der Zeitschrift für Gesetzgebung und Rechtspflege in Preussen, Berlin 1868, Bd. II S. 53) hält gleichfalls das Verbot der Lex commissoria durch das Reichsgesetz beseitigt. Er folgt einer Schrift von Jaques (Wuchergesetzgebung, 1867), welcher die Lex commissoria pignorum infolge des Gesetzes vom 14. Dec. 1866 für das oesterreichische Gebiet wieder für rechtsgültig hält. Um zu beurteilen, inwiefern die Lex commissoria pignorum von diesem Gesetz getroffen ist, muss man vor allem auf den Begriff der Conventionalstrafe eingehen. Hinschius begnügt sich damit zu konstatieren, dass in der Festsetzung der Lex commissoria immer ein Nachteil liegt für den säumigen Schuldner, welcher seine Verbindlichkeit nicht erfüllt. Dies kann jedoch nicht genügen, um die Subsumierung der Verfallsklausel unter dies Gesetz zu rechtfertigen. Es hat ja die Lex commissoria pignorum mit der Conventionalstrafe äusserlich Aehnlichkeit, aber der Zweck beider ist doch sehr verschieden. Die Conventionalstrafe dient in erster Linie zum Ersatz des Interesses an der Erfüllung einer Obligation. Auch darf die Höhe der Conventionalstrafe nicht das gesetzmässige Zinsmaximum überschreiten, l. 13 § 26 D. 19. 1, l. 44 D. de us. 22. 1. Dies alles sind Gesichtspunkte, die bei Anwendung der Verfallsklausel nicht berücksichtigt wurden, welche auch bei dem Erlass des Constantinischen Verbots nicht massgebend waren. Das Verbot will gegen die eigentümliche Gefahr schützen, welche die Lex commissoria im Gefolge hat. Bei der Verabredung einer Conventionalstrafe kann sich der Schuldner nicht täuschen, dass er die Summe bezahlen muss, wenn er nicht rechtzeitig zahlt. Bei der Lex commissoria wird dem Gläubiger ein Wahlrecht eingeräumt, das er je nach dem Stand der Preise zum Nachteil des Verpfänders ausüben kann. Das Verbot ist eine besondere Vorschrift für das Pfandrecht, es liegt also ausserhalb der Bestimmungen des Gesetzes vom 14. Nov. 1867. So entscheidet auch ein Erkenntnis des Obertribunals zu Berlin vom 30./3. 71: „Nicht die Absicht des Wuchers, die Höhe und der Umfang des unerlaubten Gewinnes und des unberechtigten Nachteils, sondern die Eigentumsübertragung an dem Pfande selbst, in ihrer Abstraktion von allen Nebenmomenten begründet die absolute Wirkungslosigkeit und Nichtigkeit jenes Nebenvertrages".

Freilich muss ja zugegeben werden, dass gerade die Kanonisten und die Reichspolizeiordnung dem Verbot der Lex commissoria pignorum besonders den Wucher als Motiv unterstellt haben. Sollte man daher glauben, dass mit der

Freigabe des Wuchers oder des Zinsmaximums dieses Motiv weggefallen ist, so würde dadurch das Verbot doch nicht unpraktisch, da der eigentliche Grund zu diesem Erlass ganz wo anders liegt. Schliesslich würde auch immer noch nicht, wenn man dies Motiv als einzig massgebend erachten könnte, das betreffende Bundesgesetz die Aufhebung des Verbots der Verfallsklausel herbeiführen. Dahin spricht sich ein Urteil des Reichsgerichts vom 2. April 1881 (Entscheidungen des Reichsgerichts in Civilsachen Bd. 12 No. 4) aus: „Es ist keineswegs die Absicht gewesen, die Wuchergesetze im vollen Umfang mit allen ihren Konsequenzen aufzuheben. Nur die bedrückendsten Beschränkungen der Vertragsfreiheit sollen beseitigt werden". Aehnlich äussert sich das Reichsgericht in einem Urteil vom 5. Oktober 1880 (Entscheidungen des Reichsgerichts in Civilsachen Bd. 2 No. 86): „Das Verbot der Lex commissoria ist nicht ein Verbot des Wuchers. Vielmehr enthält die Constantinische lex ein im Interesse des Gemeinwohls erlassenes, allgemeines, nicht auf den Fall des Wuchers beschränktes, absolutes Verbot einer gewissen Verpfändungsweise. . . . Auch wenn man annehmen könnte, Motiv für das Verbot der Lex commissoria sei gewesen, den Wucher zu erschweren, und dieses Motiv sei, da der Wucher freigegeben, weggefallen, würde der blosse Wegfall des Motivs das Verbot selbst nicht beseitigt haben. Ueberdies lässt sich nicht einmal behaupten, dass mit der Freigabe des Wuchers das Motiv für das Verbot der Lex commissoria weggefallen ist. Der Gesetzgeber kann füglich es für zweckmässig erachten, den Wucher freizugeben und doch Vorschriften zu geben, welche es dem Wucherer erschweren, die Not des bedrängten Schuldners auszubeuten". Das Verbot der Verfallsklausel ist mithin durch das Gesetz vom 14. November 1867 nicht getroffen.